弱势沟通

— 细品中国人的说话方式 —

沟通

肖阳 / 著

华夏出版社
HUAXIA PUBLISHING HOUSE

图书在版编目（CIP）数据

弱势沟通：细品中国人的说话方式 / 肖阳著. -- 北京：华夏出版社有限公司，2024.1

ISBN 978-7-5222-0610-3

Ⅰ．①弱… Ⅱ．①肖… Ⅲ．①心理交往－语言艺术－通俗读物 Ⅳ．① C912.13-49

中国国家版本馆 CIP 数据核字（2023）第 250376 号

弱势沟通：细品中国人的说话方式

著　　作　肖　阳
责任编辑　黄　欣

出版发行　华夏出版社有限公司
经　　销　新华书店
印　　装　三河市少明印务有限公司
版　　次　2024 年 1 月北京第 1 版
　　　　　2024 年 1 月北京第 1 次印刷
开　　本　710mm×1000mm　1/16 开
印　　张　20.25
字　　数　240 千字
定　　价　78.00 元

华夏出版社有限公司　地址：北京市东直门外香河园北里 4 号　邮编：100028
　　　　　　　　　　网址：www.hxph.com.cn　　　　　　　电话：（010）64618981
若发现本版图书有印装质量问题，请与我社联系调换。

作者简介

肖阳：独立管理学者、企业咨询专家

多家世界 100 强中国央企、百家主板上市公司特约讲师

纳斯达克上市公司师董会（SDH）联合创始人、讲师团教练

  曾为 500 多家企业提供培训咨询，包括国家电网、中石油、中石化、中国工行、中国建行、中国银行、中国人保、平安银行、中国建筑、中国铁建、大唐电信、中国二汽、国药集团、鲁能集团、双汇集团、汾酒集团、加多宝、海底捞、361 度、以岭药业、葵花药业、华仁药业、洛娃日化、吉利汽车、贵州轮胎、食间餐饮、宁波港集团。共约培训 10 万名中高层学员。

目录

推荐序　一本写了五年的书　胡海平

自　序　学会中国人自己的说话方式

前　言　心灵金币——弱势沟通的现代逻辑

第一章　弱势沟通是与众不同的赞美

第1计——差异赞美

前人故事："财神"三句话折服左宗棠，化敌为友，富可敌国　/ 2

后人品味：夸人优点者庸俗，夸人缺点者智慧　/ 5

实战场景：如何让话语字字珠玑，瞬间说到对方心里？　/ 6

应用练习：人人都可以成为差异赞美高手　/ 8

第2计——细节赞美

前人故事："辩神"一招鲜说服六国，人生逆袭，封侯拜相　/ 10

后人品味：无细节，不赞美，细节可以强烈激发对方的自信　/ 13

实战场景：如何使赞美有理有据，瞬间让人感受到你的真诚？　/ 15

应用练习：人人都可以成为细节赞美高手　/ 17

第3计——转向赞美

前人故事：与周公瑾交，若饮醇醪，不觉自醉　/ 19

后人品味：最好的赞美，是替对方说出他想说的话　/ 20

实战场景：如何听懂弦外之音，瞬间与对方成为知己？ / 21
应用深化：对方的"谦虚"，往往是在请求"二次赞美" / 24
应用练习：人人都可以成为转向赞美高手 / 25

第二章　弱势沟通是发自内心的尊重

第4计——称呼金币
前人故事：用称呼体现尊重，是中国人独有的沟通绝技 / 28
后人品味：职场上称呼的不同，表明关系的远近 / 30
实战场景：为什么弱势沟通提出"称呼能够改变关系"？ / 33

第5计——诱导说话
前人故事：万言万当，不如一默，张廷玉成为雍正最信任的宰相 / 36
后人品味：变被动倾听为主动倾听 / 38
后人品味：把无效提问换成有效提问 / 40
实战场景：为什么弱势沟通提出"说得越少，效果越好"？ / 42
彩蛋：把说话的权利让给对方 / 44

第6计——过后辩论
前人故事：先执行，后申诉，晏子不愧为三代君主最喜爱的名臣 / 45
后人品味：态度比口才更重要，时机比内容更重要 / 46
实战场景：为什么弱势沟通提出"先不辩论，才是最好的辩论"？ / 48
应用练习：人人都可以成为过后辩论高手 / 50
彩蛋：用过后辩论改善夫妻关系 / 51

第三章　弱势沟通是换位思考的理解

第 7 计——正向利益
前人故事：纸上谈兵的赵括，有一个临危不惧的淡定父亲　/ 54
后人品味：谈判高手能把"我的收益"变为"你的好处"　/ 55
实战场景：如何让固执己见的人瞬间言听计从？　/ 57

第 8 计——反向利益
前人故事：苏秦的族弟苏代，沟通水平比他还要了不起　/ 61
后人品味：谈判高手能把"我的损失"变为"你的坏处"　/ 64
实战场景：如何让心怀敌意的人瞬间举手投降？　/ 65

第 9 计——立场金币
前人故事：看似窝窝囊囊的鲁肃，却是难得一见的沟通大师　/ 69
后人品味：站在对方的立场上说话，天下没有说服不了的人　/ 71
实战场景：如何劝说情绪失控的亲朋好友？　/ 73

第四章　弱势沟通是亲如手足的关爱

第 10 计——情重于理
前人故事：说错一句话，华元成为史上最窝囊的将领　/ 78
后人品味：人可以被感情打动，但很少被道理说服　/ 79
实战场景：说什么话，下属会觉得你不近人情？　/ 80
应用练习：人人都可以成为情重于理的应用高手　/ 82
彩蛋：中西方的沟通思维差异　/ 85

第 11 计——批事夸人
前人故事：说错一句话，宋闵公成为史上最倒霉的国君　/ 86

后人品味：没有不肯改错的下属，只有不会沟通的上级 / 87
实战场景：说什么话，下属会对你心生怨恨？ / 91
彩蛋："批事批人"是棒杀，"夸事夸人"是捧杀，都不好 / 93

第 12 计——直言有讳
前人故事：揭人短处，狂妄自大，齐国大夫夷射死得不冤 / 94
后人品味：你以为的实话，有时候只是一种偏见 / 95
实战场景：说什么话，下属会与你不共戴天？ / 97
彩蛋：直言不讳有时等同于当面骂人 / 98

第 13 计——转移抱怨
前人故事：以力服人，压而不服，智瑶功败垂成 / 100
后人品味：不能把抱怨作为话语的"余音" / 102
实战场景：说什么话，才是"点石成金，春风化雨"？ / 103
彩蛋：批评也可以充满善意 / 105

第 14 计——反话正说
前人故事：用反问句责难大臣，郑灵公身首异处 / 106
后人品味：不用反问句，才能让对方感受到你的善意 / 107
实战场景：说什么话，下属才会与你心心相印？ / 109
应用深化：劝说长辈，更要用鼓励代替批评 / 110
彩蛋：反话太多，难免自作自受 / 111

第五章　弱势沟通是成就他人的格局

第 15 计——隔岸灭火
前人故事：因为格局大，他在升职路上远远甩掉了曾国藩 / 114

后人品味：老板只会提拔胸怀全局的干部 / 117
实战场景：如何在受歧视的环境中被破格重用？ / 118

第 16 计——舍车保帅
前人故事：齐貌辩逆转式沟通，田婴相位一夕间失而复得 / 121
后人品味：莫用见风使舵的小聪明，要有安定团结的大智慧 / 123
实战场景：为什么肯吃亏的人最终不会吃亏？ / 125

第 17 计——功推于上
前人故事：三朝贤相晏子自毁式沟通，五十年恩宠不衰 / 128
后人品味：让上级欣赏和感激的，往往不是你的能力，而是你的格局 / 131
实战场景：为什么不争功的干部总能得到重用？ / 132

第 18 计——尊老敬贤
前人故事："先天不足"的咸丰登上帝位，靠的是仁义沟通 / 135
前人故事："没人看好"的赵襄子继任国君，靠的是尊重沟通 / 136
后人品味：老板对态度的关注往往胜于能力 / 137
实战场景：能力有欠缺的人，如何才能脱颖而出？ / 139

第 19 计——外圆内方
前人故事：周亚夫外方内方，三气景帝，丢了性命 / 141
前人故事：谢安石外圆内方，智除奸臣，成就大业 / 143
后人品味：四种沟通风格，四种不同结局 / 144
实战场景：忠心耿耿的人，如何才能善有善报？ / 145

第六章　弱势沟通是低调谦逊的胸怀

第 20 计——背后夸人

前人故事：蔺相如礼让廉颇，终成将相和千古佳话 / 148

前人故事：解狐举荐仇敌，有私怨不妨碍大义为公 / 149

后人品味：能让人佩服的，往往不是你的能力，而是你的胸怀 / 150

实战场景：沟通中，如何化解别人的敌意？ / 151

实战场景：能让人肯定的，往往不是你的水平，而是你的态度 / 154

第 21 计——尊重专业

前人故事：孙权与陆逊的沟通高招，称霸江东源于君臣互信 / 156

前人故事：陈平与文帝的沟通妙语，太平盛世来自术业专攻 / 157

后人品味：让有专业权的人决策，才能发挥团队的最大效率 / 158

实战场景：沟通中，如何减少夫妻双方的分歧？ / 159

第 22 计——瑕不掩瑜

前人故事：不问短处问长处，齐桓公终成春秋五霸之首 / 162

前人故事：不看小节看大节，汉高祖收服治国安邦贤臣 / 163

后人品味：不以人之小恶而忘人之大美 / 164

实战场景：沟通中，如何善意对待别人的不足？ / 165

第 23 计——仇将恩报

前人故事：秦穆公亡马，沉没成本换来天降救兵 / 168

前人故事：楚庄王绝缨会，既往不咎赢得下属真心 / 170

后人品味：计较小事者因小失大，不计前嫌者因祸得福 / 171

实战场景：沟通中，如何善意对待别人的过失？ / 172

第 24 计——过程授权

前人故事：三问皆不知，齐桓公敢于授权，才能成就霸业 / 174

前人故事：地肥草木茂，晋平公问计贤臣，领悟治国之道 / 175

后人品味：好的管理让下属感觉不到你在管理 / 176

实战场景：沟通中，如何善意对待下属的聪明才智？ / 179

第七章　弱势沟通是缜密清晰的逻辑

第 25 计——对比说服

前人故事：十二岁甘罗对比式沟通，成为中国最年轻的相国 / 182

前人故事："职场白丁"蔡泽对比式沟通，成为超大企业CEO / 184

后人品味：说不清楚的道理，通过比较就能说清楚 / 185

实战场景：如何说服高高在上的人？ / 187

第 26 计——正反说服

前人故事：秦宣太后爱魏丑夫，庸芮从正反两方面说服，才能救人性命 / 189

前人故事：有人为楚王献不死药，侍卫从正反两方面劝谏，才能死里逃生 / 191

后人品味：沟通中，要善于运用逻辑的力量 / 192

实战场景：如何说服执迷不悟的人？ / 193

第 27 计——同理说服

前人故事：范座请信陵君拔刀相助，几句话保住自己性命 / 196

前人故事：谅毅劝秦王将心比心，一番话救了平原君兄弟 / 198

后人品味：你可以不在乎我，但不能不考虑你自己 / 199

实战场景：如何说服袖手旁观的人？／201

第 28 计——比喻说服
前人故事：苏代止赵王伐燕，不过是打了一个比方 ／203
前人故事：苏秦阻孟尝君赴秦，无非是用了一个比喻 ／204
后人品味：专业咨询师必备的沟通素养 ／205
实战场景：如何把复杂的道理瞬间讲清楚？／207

第八章　弱势沟通是知雄守雌的从容

第 29 计——明挡暗箭
前人故事：要保命防身？这一招可以学一学古人 ／210
后人品味：害人之心不可有，防人之心不可无 ／212
实战场景：在职场上，如何避免小人的暗算？／213

第 30 计——求田问舍
前人故事：秦将王翦"胸无大志式"沟通，建功立业 ／216
前人故事：汉相萧何"自甘堕落式"沟通，善始善终 ／217
后人品味：胸怀大志与通晓人心并不矛盾 ／219
实战场景：在职场上，如何避免上级的猜忌？／220

第 31 计——螳臂推车
前人故事：孟尝君田文顺水行舟，是韩非子赞赏的沟通高手 ／222
前人故事：靖郭君田婴因势利导，是韩非子推崇的沟通大师 ／224
后人品味："知其雄，守其雌"是高明的沟通智慧 ／225
实战场景：在职场上，如何应对别人的诬告？ 226

第 32 计——点而不破

前人故事：说服千古一帝康熙，你需要这样的技巧 / 229

前人故事：说服春秋明君魏文侯，你需要这样的技巧 / 230

后人品味：不要替上级下结论，上级只相信"自己得出"的结论 / 232

实战场景：在职场上，如何防止"城门失火，殃及池鱼"？ / 233

第九章　弱势沟通是上善若水的智慧

第 33 计——幽默气场

前人故事：中国历史上从来不乏气场强大的人 / 238

后人品味：只有幽默，才能展现强大的气场 / 239

实战场景：用对技巧，人人都可以成为幽默大师 / 241

应用深化：幽默的几种常见方式 / 244

第 34 计——肢体语言

前人故事：中国古代的识人术、观人术 / 247

后人品味：根据肢体语言，判断对方被说服的程度 / 249

实战场景：为什么说在沟通中，比说更重要的是听，比听更重要的是看？ / 251

第 35 计——示弱金币

前人故事：崇祯的皇后善于示弱，以柔克刚 / 256

后人品味：示弱是润物细无声的"心灵金币" / 258

实战场景：如何通过"示弱"，挽回破碎的家庭关系？ / 260

第 36 计——制造金币

前人故事：善良谦逊是中国人的千年美德 / 262

后人品味：四种制造"心灵金币"的方式 / 266

实战场景：为什么说"心灵金币"是给孩子最好的礼物？ / 267

结　语　/ 271

后　记　**弱势沟通的前生今世** / 273

彩　蛋　**关于有中国特色的管理学的思考** / 277

推荐序

一本写了五年的书

中国人做事，最讲究效率。改革开放之初，"时间就是金钱，效率就是生命"这个观点，不知不觉影响了几代人。但我却没想到，凭我对肖阳老师多年的了解，以他的功底，写这本书竟然花费了整整五年的时间。

我是一个急脾气的人，容不得自己和别人拖延。年轻时担任杉杉集团总裁，几年间与团队携手，把公司的规模做到了数百亿，因此2010年被评为中国十大CEO。人到中年时二次创业，从零起步筹建"师董会"平台。五年后，这家中国高科技智联网企业已在美国纳斯达克成功上市。

而五年时间，肖阳老师刚刚写完这本二十余万字的书，让我有些莫名其妙。我问了他两个问题，第一个是："为什么写了这么久？你在各高校研修班、总裁班讲了十几年课，授课笔记都是现成的，只需整理一下，难道还要花五年的时间？"他不好意思地笑："可能我有强迫症，先后修改了十二版，写好又删除的文字大概有一百万字。"

我再问："对许多老师来说，出书是家常便饭，甚至比吃饭还简单，你为什么到现在才想起来出第一本书？"他说："曾有位长辈告诫我，45岁之前不要写书，因为阅历、学识还有不足。没准到老的时候，你会为自己年轻时的文字而汗颜。"

我这才想起，当年与我联手创立"师董会"的那个朝气蓬勃的肖阳老弟，今年已50岁了，也到了知天命之年。

闲话少说，回到正题。作为写序人，我推荐大家读完这本书的第一个理由：这是一本对读者充满诚意的书。不浮躁，不急功近利。作者是个肯做傻事的聪明人，磨剑五年、铸剑十年，本书有反复阅读的价值。随意读上一篇，也许就能从根本上改变你对沟通的认知。

我推荐的第二个理由是，这是一本自成体系，能逻辑自洽，甚至可以说是"开山立派"的沟通书、文化书。

我是一个爱看书的人，青年时期就受到了母校浙江大学学风的影响。参加工作后，各界同学推举我为浙大上海校友会会长，不是因为我的个人能力，可能只是因为我是大家之中，最爱学习的那个人。

讲沟通的书，我看过不少。做企业的人，如果不懂沟通，谈什么管理？但市面上常见的沟通书籍往往都以"高情商""好口才""会聊天"作为卖点，观点和案例似曾相识。天下文章一大抄的结果是"千人一面"。如果缺乏识别度，像"网红脸"一样，会让人慢慢没了兴趣。

这本书却以古明今，古为今用，用作者企业咨询的管理案例来解读沟通问题，不是那些拼凑得来的东西。对读者很友好，不空谈理论，不说教，更没有故意摆出高高在上的姿态。因为真实，所以实用！场景都是大家天天会遇到的，今天读了，明天去用就是，简单至极、有用得很！而且文笔幽默，就像听相声、看小品一样，很放松。不会让你在读书时，经受学习中那种常见的"反人性"的痛苦。

最重要的是，作者能把中国古代智者各种巧妙的沟通方法，与现代生活中、职场上的沟通案例结合起来说明问题，一一配对，相互对应。这多少有一些"为往圣继绝学"的味道，用中国人的智慧来武装中国人的头脑。

"弱势沟通"是一个全新的体系，这是中国人的说话方式，不是西方的，更不是不伦不类、不中不西的。这种有独家观点、有鲜明文化特征的书，代表作者对古代沟通智慧的深度挖掘和对现代沟通问题的独立思考，即使有一些瑕疵，想来也总能得到读者的欢迎。

中国人应该有自己的沟通方式。肖老师这样说，我赞同。

师董会创始人、董事长
胡海平

自序

学会中国人自己的说话方式

学会中国人自己的说话方式，这是本书写作的初衷。但是，有一个问题，谁才能代表我们中国人？

本书完稿时，这些人跃然纸上，他们是中国历史上那些光耀古今的先贤智者，灿若星辰的王侯将相，他们的名字每个中国人都不陌生：秦穆公，齐桓公，楚庄王，孟尝君田文，靖郭君田婴，谋士齐貌辩，纵横家苏秦及其族弟苏代，齐相晏婴，法家名士李悝，秦相蔡泽，十二岁拜相的甘罗，秦国老将王翦，赵国名将赵奢，赵国始祖赵襄子，汉高祖刘邦，汉相萧何、陈平，三国孙吴君主孙权和其重臣鲁肃，曹魏谋士贾诩，东晋谢安，清朝皇帝咸丰、内阁首辅张廷玉……

这本书主要讲的就是，这些沟通"大神级"人物的语言智慧，他们凭借各种沟通绝技，建功立业、凝聚人心，即使情况再危急也能够一语化解、力挽狂澜。其中通晓人性、直指人心的巧妙之处，实在令人叹为观止。

这些精彩绝伦的沟通故事，其实就在我们后人随手可及之处，如明珠般散落于《战国策》《韩非子》《东周列国志》《资治通鉴》《二十四史》等各种经典史籍之中。这些宝贵的沟通事例，如果不能挖掘、整理和继承下来，我个人觉得，实在是一件让人痛心的事。

写这本书的契机，相当偶然。当年我在高校研修班讲解领导力课程时，有时无意中会引用一些古代先贤少有人知的沟通故事，对管理方法加以说明。没想到，课后有不少学员跑来问我，能不能多讲一些古人的成功案例？大家都喜欢听！

我问为什么，他们说，因为这是"我们中国人自己的"沟通方式。道理相通，易于复制，马上能用。

受学员们的启发，在十几年授课过程中，我把这些看似年代不同、各不相干的沟通方法、沟通案例，依照其逻辑归纳整理，慢慢形成了一套沟通体系——这就是提倡**上善若水，以弱胜强、以柔克刚**的弱势沟通。其背后是我们中华民族传承千年的文化基因和文化传统。我始终固执地认为，沟通，表面的技巧不重要，背后的文化内涵更重要。正如先贤所说的那样，"上善若水，水善利万物而不争""夫唯不争，故天下莫能与之争"，这就是"弱势沟通"一名的由来。

如何避免食古不化，"死读书""读死书"？如何避免学会了古人的沟通方法却不会在现实中应用？本书是一次小小的尝试，我将弱势沟通以三十六计的形式撰写，每一计先讲古人的案例，再配上三至五个现代案例，进行对比解读。所以本书更像是一种MBA教学中的"案例式学习"，少谈甚至不谈理论，而是把结论暗藏于案例之中。场景和案例越多、越真实，读者掌握沟通方法的速度就会越快，学到的不是"知识"，而是"技能"。

为什么要这样写？因为我一直认为，读者往往比作者更聪明，他们有自己的思考和判断的方式，不需要我们作者反复说教。有时候，作者在理论上讲得再完善，在读者看来也不过是"正确的废话"。

最后，如何才能让本书更加通俗易懂？在弱势沟通三十六计的名称设计上，我花了一点小心思。原本每一计都用很长的一句话去解释说明，句子长短不一、参差不齐，现在都改成用四个字来概括，更方便大家记忆，对读者也更友好。

例如：让你人际关系瞬间破冰的方法，是"转向赞美""差异赞美""细节赞美"；让你轻而易举说服对方的方法，是"对比说服""正反说服""同理说服"和"比喻说服"；而让你快速升职，受到上级赏识、同事认可的方法，是"隔岸灭火""功推于上""螳臂推车"和"背后夸人"。

毋庸讳言，现代人学习沟通"言必称西方"，是近年来的一种时髦现象。用西方人的思维、观点、案例教中国人说话，是不少沟通书籍的理论基础和底层逻辑。本书试图突破这种常见的怪圈，为我们中国人在沟通方法论上，争取到本就该有的一席之地。

弱势沟通并非只有36种技巧，本书是反复删改后的缩减版。原本我打算写72种、108种或更多。但由于眼界和经历有限，有些古代先贤的沟通方法，即使我费尽心力、想破脑袋，也想不出合适的现代案例去与之匹配，最后也只能忍痛割爱了。此外，书中也引用了一些文艺作品中或外国的沟通案例作为佐证。

中国几千年来的沟通智慧博大精深、浩如烟海，这本书只有区区二十几万字，尚不能及其万一。对此，完稿之后，我越发惶恐不安、心生惭愧。

最后，再次向中国古代无数的先贤智者致敬！弱势沟通，来自他们，更来自中国人几千年来的言谈智慧和文化传统。这些美好的东西本不应该轻易湮没和被抛弃，把它们传承下去，则是我们这一代人的责任和使命。

我虽才疏学浅，头脑愚钝，却仍愿为此做出一点点努力。

是为序。

前言

心灵金币——弱势沟通的现代逻辑

什么是弱势沟通？很难用一句话为其下一个准确定义。本书只能用列举的方式，将这种沟通方法分成九章三十六计，分别配上古今实战案例，进行大致的描述：

- 弱势沟通，是与众不同的赞美
- 弱势沟通，是发自内心的尊重
- 弱势沟通，是换位思考的理解
- 弱势沟通，是亲如手足的关爱
- 弱势沟通，是成就他人的格局
- 弱势沟通，是低调谦逊的胸怀
- 弱势沟通，是缜密清晰的逻辑
- 弱势沟通，是知雄守雌的从容
- 弱势沟通，是上善若水的智慧

但这种逻辑是仿照古人的，比较复杂，也不好记忆。曾有人问我，能不能用现代人也可一目了然的逻辑来编排？这个可以有，也必须有。否则，弱势沟通就无法有效地在现实中应用。

我个人的答案很简单——从广义上讲，所有送出"心灵金币"的沟通方式，都是弱势沟通，反之则不是。那么，什么是"心灵金币"？它又有何作用？

课堂上，我问学员："如果从今天开始，每次见面，我都送你一枚金光闪闪、价值不菲的金币，你会怎样？"学员说："您是不是找到金矿了？干脆住在我家吧，我想每天一睁眼就见到您！"

送人金币，自然会受人喜欢，用俗话说就是"人见人爱，花见花开"。现实中，每个人都可以拥有弱势沟通这座"语言金矿"——与人交流时，每说几句话就暗中送对方一枚"心灵金币"，传达尊重、理解、信任、关爱等人类美好的情感，不断用正向反馈和心灵激励，来增加对方心灵上的财富！

如果能做到这一点，不但利人，更加利己，行之有效，而且不难。无论在生活中还是职场上，走遍天下，你都会是最受欢迎的人。这就是弱势沟通独有的语言特点，也是弱势沟通所有技巧的底层逻辑。

"心灵金币"只能送，不能抢！但在现实中，"抢心灵金币"的现象却屡见不鲜。空谈理论太枯燥，接下来我们分享几个小笑话，来看一下沟通中比较常见的"抢心灵金币"现象。

比如，说话强势，语气蛮横：一个小男孩在公交汽车站大吃巧克力，一个中年男子走过去说："叔叔告诉你，小孩子多吃巧克力，对身体成长不好。"小孩儿说："那我爷爷为什么活到103岁？"男子说："你爷爷也吃巧克力吗？"小孩儿说："不是，他从来不多管别人的闲事！"

这是"能动手就别吵吵"的意思吗？小孩子小小年纪说话就这么噎

人，长大了那还得了？

再比如，说话直白，揭人短处：一位中年妇女去商场买衣服，售货员迎了上去："大姐，别在这儿逛了。您太胖了，我们这里没您能穿的衣服。"

女人一看，一大早就有人议论我的身材？脸色沉下来。售货员也知道人家不高兴了，马上解释一句："不过人老了……还是胖一点可爱。"女人一看，还说我又老又胖？这是没王法了："店长呢？给我出来！"店长马上出来道歉："对不起，对不起！这个售货员是乡下来的，不太会说话。她就一个优点，说话特别直爽，从来不撒谎！"

这是要几句话让对方吐血身亡吗？谁没有短处？你总不能想什么就说什么吧。

再如，说话爱反问，从不正面回答别人：一个人去理发，小工帮他洗头，问他水温高不高，他用反问句回答："你这水还能再烫一些吗？"结果差点被烫个半死。

剪头时围裙太紧，脖子不舒服，他对理发师说反话："你还能勒得再紧一些吗？"理发师又使劲勒了几下，他呼吸都困难了，还是在说反话："你再勒一下，再勒一下试试？"理发师心想：这还不够紧？于是下手更狠。完事之后，还止不住夸他："这位大哥，你这双眼睛可是真够大的……不对呀！你怎么把舌头都吐出来了？"

综上可见，沟通最起码的原则，是不能让对方的理解产生歧义。

反例恕不一一列举。问个问题，上面这些让人啼笑皆非，甚至仔细想一下会怒火上涌、拔刀相对的沟通案例，在你的身边有没有？现在你知道了，上述做法其实都是在抢"心灵金币"。

相比之下，有些"抢金币"的沟通方式则是隐含的，不易被人察觉。比如，沟通中出现了争执，应该先讲道理还是先讲感情？关于这一点，中西方有明显的不同。情理，情理，中国人为什么更愿意把"情"字放到"理"字之前？这是因为有些时候，讲感情能讲清楚，就根本不用长篇大论、唇枪舌剑地去讲道理。

来看一个常见案例，如何化解停车矛盾？

假如在停车场，你好不容易才找到一个车位。刚停好车，旁边车上下来一个怒气冲冲的彪形大汉。他说："你没看见我在旁边已经等了十几分钟了吗？这是我要停的车位，你马上给我让出来！"

想找死的人，可以这样和对方"讲理"："停车场是你们家开的呀？你说让我就让？你脑门儿上也没写着字，我怎么知道你要停在这里？回驾校再学几年吧，谁让你动作这么慢！"

道理很充分！几句话分别说出了"你态度很嚣张，但我不怕""先到先得，自古天经地义""这事怨不得我，只能怨你自己"的三层含义。估计连你都要佩服自己，这口才、这反应、这逻辑，比电视上那些辩论选手水平都高啊！

见你这样说话，大汉很是意外："咦，哪里来的鸟人？难道是特地来消遣洒家不成，先吃我一记醋钵儿大小的拳头！"

书中暗表：鲁提辖这一拳正打到那镇关西的鼻子上，却便似开了个油酱铺，咸的、酸的、辣的一发都滚出来……

对不起，写串了！我只是想请大家想象一下接下来的场景。

那应该怎么说？讲感情呗！"真对不起！我刚才以为您在旁边等人

呢。等这么长时间，却被抢了车位，换成谁都要生气！您放心，我马上就让。我的技术不太好，您稍微闪开一点，别碰到您……"

见你如此客气，说话又如此有诚意，大汉也有些不好意思，挠挠头暗想："这厮却也并非有意为难洒家，倒会说两句人话，且饶过他一回。"

于是对你说："算了，别麻烦了！你找车位也不容易，我另找就是。"

上面讲到的方法，在本书中称为"情重于理"。弱势沟通像这样的方法还有很多，篇幅有限，恕不一一列举。大家看一看：沟通时减少冲突、化解矛盾，其实也并没有想象中那么难。区别在哪里？就是遇到问题，你能送出"心灵金币"时，就不要抢对方的"心灵金币"。前者总是能处处得到别人帮助，能让陌生人也成为你的朋友。如果是后者，则常常会横垄地拉车——一步一个坎儿，四处碰壁。

弱势沟通并不难。只要掌握了"送心灵金币"这一基本原则，人人都是弱势沟通的使用者与受益人。从今天开始，我们每句话说出口以前，都应该先问自己一个问题：这是在"抢金币"还是在"送金币"？

最后，还是要给弱势沟通下一个定义。但我能力一般，水平有限，思来想去总觉不妥当，不如借用古人的话：

☙ 弱势沟通是"任何时候都不争论"，先贤曰：善者不辩，辩者不善。

☙ 弱势沟通是"任何时候都不抢话"，先贤曰：多言数穷，不如守中。

☙ 弱势沟通是"任何时候都不炫耀"，先贤曰：金玉满堂，莫之能守；富贵而骄，自遗其咎。

☙ 弱势沟通是"上善若水"，先贤曰：夫唯不争，故天下莫能与之争！

第一章

弱势沟通是与众不同的赞美

第1计　差异赞美

夸人优点不如夸人缺点，最高境界是赞美对方人生观。

前人故事："财神"三句话折服左宗棠，化敌为友，富可敌国

先贤一句话，胜读十年书。看似简单的沟通，背后却暗藏着一个民族的语言传统。什么是差异赞美？

讲一个关于"财神"的故事。

在中国历史上，被称为"财神"的人并不多。清末第一大富商胡雪岩就是其中的一个。"财神"的财富是从哪里来的？不是天上掉下来的，也不是大风刮来的，是因为他会弱势沟通。我年轻的时候也读过不少关于此人的传记，印象最深的却不是他的经商之道，而是他在沟通时看似平淡无奇却又石破天惊的几句话。

故事发生在清朝末年，刀兵四起，太平天国起义风起云涌。好友浙江巡抚王有龄身亡，此时的胡雪岩急需新的靠山。接管王有龄权力的名将左宗棠，却对胡雪岩大有敌意，欲将其置于死地。

第一章 | 弱势沟通是与众不同的赞美

左宗棠磨刀霍霍，胡雪岩危在旦夕。俗语讲，"一朝天子一朝臣"，他这个富得流油的"肥羊"，被宰掉涮火锅，恐怕是难免的事。

左宗棠在接见胡雪岩时，连一个座位也不给，而且一见面就说："听闻你官声不佳，我要据实参奏。"厌恶之情，溢于言表。

如何化解杀身之祸？唯有差异赞美！胡雪岩初次"私聊"，就折服了对方，二人结为知己。胡雪岩自此成为左帅远征西北的后勤"大管家"，财富暴涨数十倍，遂成天下首富。

当时，面对左宗棠的咄咄逼人，胡雪岩处变不惊，第一句话就语出不凡："光墉（胡雪岩的字）佩服大人，只会做事，不会做官。"

这句话看似简单却甚为高妙。差异赞美的核心是赞美对方的缺点，但最高境界是什么？就是赞美对方的人生观！打蛇要打七寸，赞美要直指人心。

左宗棠能力过人，否则也不会仅凭举人学历就成为列土封疆的大吏。但此人性格耿直，经常无端得罪人，这也是人所共知的缺点，"不懂人情世故"，相当于现代人所说的"情商不高"。本是坏事，但在胡雪岩口中却成了"仰慕"的理由。

伸手不打笑脸人，更何况人家一下子说到自己的最痒处！左宗棠不由得大吃一惊，马上让人看座，难掩喜色追问道："再请教一下，我与李少荃（李鸿章字少荃）有何区别？"曾国藩退隐之后，左宗棠最看不起的人就是李鸿章，但世人多认为"左不及李"，这让他一直愤愤不平。

胡雪岩第二句话，差异赞美再上一层楼："李大人会做官，但您会做事。您也不是不会做官，只是不屑于做官而已。"寥寥二三十个字，字字珠玑，无一字废话。本来"会做事"三个字就已经把人捧到了天上，"不屑于做官"五个字，更是暗赞了左宗棠不学则已，一学就会，天资聪慧。

这句话的高明之处在于，左宗棠是私下里连诸葛亮都看不起的狂傲之人，你说他"不会做官"，他难免会不服气，属于夸人没夸到位，说他"不屑于做官"才是挠到了痒处。"这个胡某人不一般啊！世上竟有如此目光敏锐之人？真是一语中的"，左宗棠暗中大呼痛快，对胡雪岩敌意全消。

按理说，左宗棠什么人没见过？和慈禧庙堂奏对之时，把"老佛爷"都顶得一愣一愣的。什么话没听过？恭维他的人如过江之鲫。但像胡雪岩这么会说话的人，他大概是头一次见。一瞬间七窍八孔都舒展开来，再次追问："雪岩兄可否比较一下，我和李少荃的成就？"——连称呼都改了，改成"雪岩兄"了。

这回的难度更大。左宗棠也不傻，想考验他是真佩服自己还是违心之语。回答不好，前功尽弃。因为左、李二人都是战功赫赫，非要说左宗棠功劳更大，听的人固然不信，马屁也会被当场拆穿。

胡雪岩深得弱势沟通真谛，第三次差异赞美，不谈谁的功高，只谈谁的难度大："李大人兵多将广，地盘也大，又有老师（曾国藩）处处帮忙，不过是因人成事。而您却是一直孤军奋战，白手起家，事事全靠自己，难能可贵。"瞧瞧人家胡雪岩多会说话，贬李抬左却又不动声色。李鸿章资源雄厚，谁有这种条件，做得都不会比他差。您却不同，就是个没娘的孩子，不容易呀！

自己想说的话全被对方说了。左宗棠眼泪差点掉下来，不由得想起当年孤立无援、浴血苦战的往事，背景音乐响起："小白菜呀，地里黄呀；两三岁呀，没了娘呀……"

这哪里是胡雪岩见左宗棠，这分明是西门吹雪对上了叶孤城。高手对决，胜负只在电光火石的一瞬间。不是生，便是死！三句话听完，左宗棠感慨万千："晚上别走了，留下来一起吃个饭吧。你我彻夜长谈……"

总结一下，胡雪岩对左宗棠的三次差异赞美：一夸人品，二夸聪明，三夸艰苦奋斗，处处不落俗套，句句直指人心。这还不是教科书一样的水平吗？

肖阳观点：会差异赞美，也许你的话也可以一字千金、一句百万。

后人品味：夸人优点者庸俗，夸人缺点者智慧

无论多么高傲的人，对差异赞美也没有抵抗力。这样的例子，历史上不胜枚举。想起两个人物，都是脾气火爆的大才子，更是狂士。一个是敢击鼓骂曹的祢衡，一个是敢上书骂曹的孔融。

也算曹操倒霉，这哥儿俩都让他碰上了。按理说，两个狂士相遇，肯定谁也不服谁，没想到他们却十分投缘。史书中记载，两人都是差异赞美的高手，互相夸对方的修养堪比圣人。

祢衡称孔融"仲尼不死"，孔子活着也就是你这个水平；孔融称祢衡"颜回复生"，就是孔子最杰出的弟子也不会超过你。

二人说完抱头痛哭，心心相印，惺惺相惜。你看看，这事多简单，会了差异赞美，两个本该文人相轻的狂士，却成了一生的知己。

我们都曾经赞美过别人，但效果与上述这二位恐怕有天壤之别。那些没有差异的赞美为什么很难打动人心？因为在被夸的人看来，不过是一种敷衍，其他人都说过上千遍类似的话，难道还需要你再重复一遍吗？

赞美却没有差异，属于经济学中的边际效益递减原理——越夸效果越差。为什么不赞美对方的"缺点"呢？常人眼中的缺点，没准就是对方引以为傲、特立独行的长处。

实战场景：如何让话语字字珠玑，瞬间说到对方心里？

前人栽树，后人乘凉。来看一下我们现代人"乘凉"的案例。

学员应该怎样夸奖老师？当然也要差异赞美。

每年我要为近万名学员授课，为保证教学和课程研发质量，我给自己定下规矩，一年最多只能做三家企业的顾问。赚钱方面比不过同行无所谓，课程的质量不能丢脸。但总有学员想让我破规矩。当面拒绝不礼貌，所以每次下课时，我总是拎起包落荒而逃。

有一次，没跑成。这位学员是民企老板，把我堵在门口，一句话就让我停住了脚步。最终，我破例做了他的顾问，还分文未取，"倒贴"了将近一年。

那么，学员的话是怎么说的呢？想打动肖老师"脆弱而敏感的芳心"，你就必须了解我最大的缺点和不自信。

我身高1米7，进入中年之后，体重远远超过170斤，从远处看就是一个立方体。有人说，世界上有两种人。一种是好看的，一种是难看的。

我介于二者之间,属于……好难看的。

我住在清华大学旁边,就在北京北四环,附近经常举办车展。人家车展的形象才是好,靓车配的一定是美女,美女站一天可能挣得比我还多。有时候我也嫉妒,就去找主办方。我说:"我也给你站一天吧,这事我熟啊,我站两天都没问题……"结果主办方把我请出来了,说:"肖老师,这次我们办的是车展,就不找你了。下次我们办拖拉机展,再请你。"

不少学员是银行系统的。每到春节,他们发来拜年微信——"祝老师财源滚滚"。"财"是没戏了,我发现自己长这么大,就学会了三个字——圆滚滚。

我最大的缺点是形象,这让我一直不自信。你知道应该对我说什么了吧?

如果夸课讲得好,这种没差异的话我根本记不住。这位堵住我的学员夸我,我一下子就记住了。他夸我的缺点:"肖老师,您课讲得好,关键是……人长得潇洒,风度翩翩的。"

肖老师长成这副模样,一辈子没人夸过我潇洒。虽然明知不可当真,但我依旧开心。瞬间感受到对方话语中的善意。这分明是对我人生几十年最大的肯定啊!我马上把个人电话号码抄给这位同学,还主动问:"要不要再加一下微信?以后有事别客气,愿效犬马之劳!"

夸老师讲课好?遇到第一个这么夸我的人,我从心里感激。但遇到第一百个,我只会心如古井,波澜不惊。

对于老师来说,讲课是本分。在我专业的领域,夸得再多又有什么用呢?在我专业以外的地方,有那么多的闪光点,难道您都没看到?

差异赞美法则：夸人缺点有时是一种"错爱"，但同样能够表达你的善意。

应用练习：人人都可以成为差异赞美高手

不练习等于没学习！差异赞美在生活中无处不在，训练两次就能熟练掌握。

想要"脱单"的男孩子，必须学会差异赞美。你可以没房、没车，但遇到心仪的女孩子，不能没话说。

练习1：怎样一句话让女孩子记住你？

说"美女""漂亮"是没用的，一万个人都说过了，你是第一万零一个。要夸她的缺点："美女我见多了，但像你这样待人亲切、不摆架子的，还是头一回见！"

有些女孩子的缺点就是比较高傲、爱摆架子，你说人家待人亲切？这简直是意外之喜，可能她就会连忙点头说："其实我这个人特别好接触，别人都没看出来，只有你看出来了！"

练习2：怎样搭话不让人反感？

与女孩子搭话，能让她笑出来，差异赞美才算入门，这是人际交往最好的"破冰"工具："美女，请问一下，现在几点了？"对方说："现在9点呀。"你一抬手："真巧，我的表也9点。"对方一笑，你们就算认识了。笑是最好的媒介。

在大学里不敢向女神表白？会差异赞美就有没问题，上前拦住女神，对她说："知道吗？你是我们学校三大美女之一，但我只喜欢你。"

女孩子大多有好奇心，可能她就会忍不住问："都是谁呀？为什么只喜欢我？""三大美女是过去的你，现在的你和将来的你。"你笑着说，"我永远喜欢现在的你。"

第 2 计　细节赞美

> 赞美是论点，细节是论据。赞美没有论据，必然苍白无力。

前人故事："辩神"一招鲜说服六国，人生逆袭，封侯拜相

先贤一句话，胜读十年书。看似简单的沟通，背后却暗藏着一个民族的语言传统。什么是细节赞美？

现代职场上，许多人招人忌恨，往往因为不会说话。他们把争论当成沟通，通过打击别人来抬高自己，显示优越感。以为越强势，越能"征服"他人。

　●　他们的口头语是"你说的不对"，否定你之后，再谈自己的观点。

　●　他们的口头语是"你总是这么幼稚"，先打击你，再教育你一番。

　●　他们的口头语是"你一辈子都不可能有出息"，先给你下个结论，再讲后面的"道理"。

这样的错误，"辩神"苏秦也犯过。

讲到中国的沟通史，苏秦是一个回避不了的人物。与大家想象的不

第一章 弱势沟通是与众不同的赞美

同，苏秦早期实际上是一个沟通的反面典型。

史料记载：苏秦早期主要学习辩论之术，几乎达到了"辩才无碍"的境界，但在学成之后却吃了大亏。他以一介布衣之身，先后在周显王、秦惠王面前摆出了"帝王师"的派头，妄图通过严词批评，在气势上压倒一国之君。这种居高临下、颐指气使的态度，首先就让人不舒服，他说的话当然也就没人能听得进去。所以，苏秦最终只能铩羽而归，几次游说不成，穷困潦倒，连回家的路费都没有。

《战国策》中记载：苏秦归家之后，"**妻不下纴，嫂不为炊，父母不与言**"，老婆忙着织布不理他，嫂子不给他做饭，连父母都不愿意和他多说一句话。

苏秦甚感惭愧，闭门不出，反思失败的原因。他借鉴姜子牙等先贤智者的沟通方式，逐渐融会贯通，自成一家。还无意中创造了一个典故——"头悬梁、锥刺股"的"锥刺股"，形容学习刻苦。苏秦把弱势沟通练得出神入化，再度出山的第一件事，就是游说六国君主合纵抗秦，取得了巨大的成功。

苏秦作为中国历史上最厉害的沟通高手之一，他最厉害的沟通方法就是细节赞美。一名职场小白，如果能说服高高在上的老板按你的想法去做事，那么升职加薪还会是问题吗？在古代同理，封侯拜相，也在弹指间。

苏秦的说服模式很简单，可以总结为这样一个模板："**过去你很牛，但是现在你很惨，你应该改变。**"前面用大量的细节来赞美你，后面用巨大的反差让你惭愧，进而让你产生改变现状的决心。

比如劝楚王："楚，天下之强国也……地方五千余里，带甲百万，车千乘，骑万匹，粟支十年，此霸王之资也。夫以楚之强与王之贤，天下莫能当也。"谁不喜欢听好话？苏秦以前擅长辩论，总以为"真理在我手中"，所以会招致君主厌恶。现在改为弱势沟通，从夸奖别人入手，一下子就得到了对方的认可。

苏秦细节描绘得颇为生动，渲染出楚国兵多将广、城坚地阔的强大实力，把楚王说得心花怒放、自信心极度膨胀。为什么要先说"你很牛"？因为对细节的详细描述，可以满足他人自恋的心理。替别人讲出优点，甚至比他自己想的还要好。这代表你理解对方！为什么还要说"你很惨"？潜台词是"你理应得到更好的境遇"，这代表你尊重对方。这相当于送了理解和尊重两种"心灵金币"，比苏秦以前只知抢"心灵金币"的行为，高明了不知多少。

有反差，才会有动力。后面的劝说自然也就水到渠成，易如反掌，不费吹灰之力——现在群臣劝你割地服侍秦国，放弃霸业，这是大逆不道的行为："大逆不忠，无过此者。"一下子把楚王说得怒火万丈，拍案而起："寡人谨奉社稷以从。"

意思就是，那些大臣都是些无能之辈，我愿意率举国上下追随你。

苏秦劝说赵国也是一样的套路，只换汤不换药，还是用细节赞美："赵地方二千余里，带甲数十万，车千乘，骑万匹，粟支十年。"如果楚王听到这些话，恐怕鼻子都得气歪了，还是先夸国土广大、再说兵强、后说粮多，说法一点儿没改，只换数字不换词！那你还没听到他劝齐王呢，也是老一套："齐地方二千余里，带甲数十万，粟如丘山。"劝韩王：

"韩……地方九百余里，带甲数十万……"

有人也许会说：苏秦这厮可真是够懒的，用细节赞美可以，怎么所有国家的细节都一样啊？您当歌星，一辈子就唱这一首歌啊？你还别说，除了有时增加一些该国特色，比如韩国善于打造兵器，齐国商业繁盛，苏秦还真是"一招鲜，吃遍天"，就用这同一种说服方式，一举唤醒了燕、韩、赵、魏、齐、楚六国国君的自信心。这其中，有的君主拔剑而起，有的君主失声痛哭，有的君主怒不可遏，于是他们下定决心共同抗击强秦。

苏秦由此从一文不名的穷小子，一下子成了六国联合拜相的风云人物，逆袭成功，财务自由。衣锦还乡之时，包括家人亲友在内，万人跪拜，不敢仰视。苏秦感叹，同样是对一个人，前后态度的差距怎么就这么大呢？

肖老师说：因为你学会了弱势沟通！

世界上回报率最高的事情，就是用细节赞美，激发他人奋发图强的决心。

后人品味：无细节，不赞美，细节可以强烈激发对方的自信

苏秦的细节赞美，放到现在可不可以用？当然可以。如果用在子女教育上，也许能瞬间解决许多家长一直头痛的问题。

问个问题，班里60个孩子，您孩子考了倒数第一，怎么激励他？常见的两种沟通方法都是不对的。第一种，一味表扬，睁眼说瞎话。有人说：激励吗，谁不会？我这样说，保护孩子的自尊心——"孩子，虽然你

分,这不是明显的进步吗?"

这样说,孩子的羞耻感都没了,会没法正确地评价自己。

第二种方法走另一个极端,更不行,与孩子强势沟通——"考倒数第一?下次再考这种成绩,回来不要管我叫爹!"结果第二天孩子回家,对你说:"大哥,这是我的成绩单……"你当时也懵了:"等你嫂子回来,我们一起打死你!"

这样说话,一家子的辈分都乱了!

生气是解决不了问题的,我有位朋友更惨,有一次孩子回来说:"爹,我又考砸了!"他当场就气糊涂了:"爹什么爹?我没你这个爹!"

那怎么办?激励可以,但必须有细节。弱势沟通首先要激发对方的自信心。可以这样说:"孩子,你从小就很聪明。两岁的时候就会用剪刀(把妈妈的裙子给剪了),三岁的时候就会烧水(把水壶烧漏了),四岁的时候就会打酱油(打回来的是醋)。"

注意!括号里面的不能说。先用细节赞美来鼓励孩子,得到孩子心理上的认同,再说现状的"惨"——"可是你现在的成绩不够理想,老师批评,同学们看不起,就连邻居小女孩都不愿意和你一起玩。不多要求,你看前进一名,有没有可能?"

孩子一想,59 名,那还是有戏的。现在考 59 名的那小子比我笨多了!上次我带了 3 个鸡蛋到学校,他向我要。我说:"你要是猜出来我这次带了几个鸡蛋，我就把兜里这 3 个鸡蛋都给你！"59 名想了一会儿说："你这次带了 5 个鸡蛋！"

成绩超过他？没问题呀！那么，一旦达到 59 名，下个目标就是 56 名，再下一个目标就是 50 名……刚开始目标越小，激励性越强，小步快走，没准最后孩子会考个正数第一名给你看看。

总结一下，还是苏秦用过的这个简单的模板，"过去你很牛……但是现在你很惨……你应该改变"。孩子树立了自信心，才会产生强大的内驱力。而有了这种内在的驱动，他才能一生不断拼搏进取，不断地超越自己。

细节赞美法则：沟通中，细节赞美加上小步快走，可谓天下无敌！

实战场景：如何使赞美有理有据，瞬间让人感受到你的真诚？

前人栽树，后人乘凉。来看一下我们现代人"乘凉"的案例。

家庭生活中，为什么有的夫妻话不投机、冲突不断？往往就是因为男方总是摆出敷衍应付的态度，话语中没有细节，不真诚。

比如：太太购物应该怎么夸？买了个包，问你好不好看，你说好看，太太"啪"的一拍桌子，说："你总这么应付我！"怎么说才能让太太欢喜？必须说到细节上。

可以这样说："太太，你这次买的包果然不一样，首先，这个拉链设计是流线型的，特别有动感，符合你的气质。第二，这个包的颜色跟你肤色相配，你如果穿上那件红衣服，拎着这包出门，回头率肯定超高。"

太太说："买的时候，我也觉得这包好，但没想到哪好，你一说，还真对……"当然！她都买了，能不觉得好吗？

细节不仅仅体现在语言上，也体现在动作上。

比如，太太买了件新衣服，问你好不好看。你先不要说话，第一个动作，把太太拉到镜子前，帮她整理一下新衣服。第二个动作，退后一步，上下打量她。注意，打量的时间越长越好，直到她开始有些不好意思。

第三个动作让她来做，轻声说："来，转一圈让我看看。"太太羞涩地转了个圈。第四个动作加语言，深情地注视她的双眼，说："真挺好看的。"

太太没准会当场扑到你怀中，让你瞬间重温初恋时的感觉。看看，夫妻沟通多么简单？有细节，赞美才真诚。

最后，怎样描述细节才最能体现你的真诚？细节的字数越少就越不虚伪，用不超过十个字的话描述细节，显示你是漫不经心而不是刻意为之，更能打动人心。而如果能用动作代替语言，一个字都不用说，那就是"大神级"的沟通——"羚羊挂角，无迹可寻"，有一种"倚天不出，谁与争锋"的感觉。

多啰唆一句，上一计讲到差异赞美，夸人要夸缺点。但夸缺点时怎样避免让对方觉得你是在讽刺他？聪明的读者肯定能参照本书前文给出答案，差异赞美加上细节赞美，才是一个高级的"心灵金币组合"。

回顾一下前头，学员夸奖老师，怎样提升才更完美？追加细节！那位学员可以这么说："肖老师课讲得好，关键是人长得潇洒，尤其是挥手的一瞬间。"

"挥手的一瞬间"，加上这几个字，我就认为你真诚；没有这几个字，也许你就是在讽刺我。我以后见了谁都挥手，可能就是因为你的这句话。

简单不简单？有趣不有趣？

细节赞美法则：不说细节的是生手，说细节的是老手，用不超过10个字的话描述细节，是高手。用动作表达细节，是"杀手"。

应用练习：人人都可以成为细节赞美高手

不练习等于没学习！细节赞美在生活中无处不在，训练两次就能熟练掌握。

练习1：恋爱中，如何夸奖女友或男友？

夸女孩子，别人只会说"你今天真漂亮"。弱势沟通高手会说到细节，"你今天戴的小耳坠，很配你的发型"。

夸小伙子，别人只会说"你今天真精神"。弱势沟通高手会说到细节，"你今天戴的无框眼镜，很能衬托你的气质"。

练习2：职场上，如何夸奖领导和客户？

夸领导，别人只会说："领导，您的能力真强！怎么那么强呢……"领导说："对，我们家是强盗出身。"这会让旁观的人听得"尴尬癌"都犯了。

弱势沟通高手会说到细节："领导，上次要不是您指导我那几句话，那笔业务就真的谈不成了。希望有机会多向您请教。"领导也是人，也需要别人夸奖。但你不能侮辱他和群众的智商。

夸客户，别人只会说："李总，您的水平可真高！怎么那么高呢……说高已经不够了，应该是'高，实在是高'。"客户说："这话我听过，下一句应该是悄悄地进村，打枪的不要！"——你把我当成了《地道战》里的日本鬼子？

弱势沟通高手会说到细节："李总，我自认为很周全的方案，您一眼就看出了核心缺点。这种水平，真让我望尘莫及。"客户也是人，也需要别人夸奖。但你不能把肉麻当有趣。

第 3 计　转向赞美

根据对方话语中隐含的提示，转变赞美的方向。

前人故事：与周公瑾交，若饮醇醪，不觉自醉

先贤一句话，胜读十年书。看似简单的沟通，背后却暗藏着一个民族的语言传统。什么是转向赞美？

《列子·汤问》中记载：伯牙善鼓琴，而钟子期善听。初次相逢，伯牙一曲弹罢，钟子期曰：善哉，峨峨兮若泰山。伯牙再弹一曲，钟子期曰：善哉，洋洋兮若江河。子期死，伯牙乃破琴绝弦，谓世上再无知音。

这个千古传颂的故事告诉我们什么？人生在世，知己难求。唐代才女薛涛写道：借问人间愁寂意，伯牙弦绝已无声。看来，古往今来那些胸有丘壑、矫矫不群的高人，其实也会有我辈平凡人的烦恼。但是，与大家通常认为的不同，名声和地位的差距，并不一定能构成人与人沟通的障碍。晋国上大夫伯牙与山野樵夫子期，山间一遇即成知己，就很好地说明了这个问题。

古语云：白首如新，倾盖如故。这是在告诉我们，会不会沟通，最终的结果会有天壤之别，大相径庭，判若云泥。

所谓白首，即白发。白首如新，是说两个人认识一辈子，头发都白了，还如陌生人一般话不投机。所谓倾盖，古代的马车上面往往都有华盖。两辆车路上偶遇停下来，华盖倾斜的那一瞬间，就成为一生知己。

正如《三国志·吴书》记载：与周公瑾交，若饮醇醪，不觉自醉。醇醪就是美酒。和周瑜交往，就如喝了美酒一般，三句话就能把你说"醉"。

那么，当年倜傥风流的周郎，是不是也会弱势沟通？

后人品味：最好的赞美，是替对方说出他想说的话

古人云，"闻弦歌而知雅意"。这句话出自三国时期大名鼎鼎的周瑜周公瑾，他说："吾虽不及师旷（先秦音乐大师，有乐圣之称）之聪，（但）闻弦歌而知雅意。"给后人的启示是，沟通并不是简简单单的"说"，而要先学会"听"。"听"懂了对方，比你自己"说"什么更重要。

我私下以为，把沟通的重点放在"说"上面，却忽略了"听"，是某些速成型沟通技巧最害人的弊病。不会听，如何去说？说得再好，如果不能说出对方所想，也只是自说自话。如钟子期般"善听"，才是沟通中应有的美德，也体现了自己的善意。我既不通音律，也没有先贤的风骨，但总觉得语言和音乐应该有相通之处。

何为"闻弦歌而知雅意"？如何才能"白首如新，倾盖如故"？先听懂，再说话，这就是弱势沟通的典型特征。

古人的沟通方法，今人如何去应用？我在生活中见到过许多有趣的例子。

比如一对恋人，小伙子说："你今天真漂亮！"小姑娘回答："我今天早上都没来得及化妆！"这句话什么意思？

没化妆都这样美，意思不是很明显吗？"天生丽质"啊！这个时候必须马上转变赞美的方向，人家都提示你了，还听不懂？如果说不出她与普通美女的最大区别，你的赞美就差了点意思。

夸人不到位，不如不夸。好的赞美从来不必挖空心思，只要"翻译"一下对方话语背后的含义即可。

肖阳个人感悟：赞美不要说"你想说的话"，而要说"对方想听的话"。

实战场景：如何听懂弦外之音，瞬间与对方成为知己？

前人栽树，后人乘凉。来看一下我们现代人"乘凉"的案例。

我30多岁时，放弃了某国企高管的职务，加盟了一家讲师团，成为一名为高校研修班、EMBA班授课的普通讲师。讲师团给了我一个任务，担任一名大牌导师的助理，协调其授课事宜。

导师姓刘，刚刚从某世界100强央企退休，年轻时曾是中国外贸的领军人物之一，先后担任过5家上市公司的董事长，实战能力很强。学校邀请他去授课，刘总本来欣然接受，但事到临头犹豫了，解释说自己不大愿意抛头露面，而且最近很忙，抽不出时间。但是课程通知早就发了，各地学员也已动身来京，这可如何是好？

请刘总出山的难题最后落在了我的身上。我面对的沟通问题是：自己人微言轻，无论是年纪、水平，还是地位、阅历，都无法与刘总相比，怎样才能说服对方？

不愿意出山没关系，我登门拜访刘总，三句话就把此事搞定，还意外地与刘总成了忘年交，沟通的方法就是转向赞美。

沟通不是辩论，更不是谈判。核心是两个字——"氛围"。氛围好，所有的事才好谈。

第一句：避开矛盾焦点。"刘总，您带领集团，十年来规模增长了几十倍，真是了不起！"我的话很普通，但刘总的回答就不普通了。他说："肖老师，我当年上学的时候，是XM大学研究生会的主席。"这句话表面上扯远了话题，但在弱势沟通中，是个明显的信号，叫"请求二次赞美"。

弱势沟通指出：当你夸人而对方觉得没夸到位时，往往会向你提供新的证据和提示，期待你转变方向，重新夸奖一次。

刘总话语背后的含义是："企业做得好的人有的是，但像我这样出身名校、个人素质高的企业家并不多见。马云了不起，但有我学历高吗？"这就好比给人挠痒。挠了一下之后，对方说："再往左一点。"你就要马上换个地方。不换，是不是傻？

失之毫厘，谬之千里。我转变方向，改夸刘总的个人素质："站在风口上的猪，风一停都会掉下来。展翅高飞的雄鹰，才能真正翱翔于天地！您年轻时就代表名校最高水平，有远见、有定力，所以企业发展才稳定……"

"千军易得，一将难求！"我说，"企业真是离不了您呀。您退休，真是太可惜了！"一句话说到了刘总心里去。当了几十年老总，刚退下来还真是不适应。公司内部多少人都没这么理解自己，我一个外人却一语中的。刘总难掩喜色，一边帮我斟茶，一边客气："肖老师言重了！企业发展也不是我一个人的功劳嘛……"从威严矜持到眉开眼笑，就是一句话的事。

刘总接下来的话又大有学问，他说："肖老师，我和龙秘书长不一样……我们年轻时是好朋友，我一直很佩服这位老哥。他为中国外贸做出巨大贡献，品牌响，名气大。我没什么名气，只是从业务员一级一级干上来，有一点点实战经验而已。"

这些话表面上是谦虚，但在弱势沟通中叫"**请求三次赞美**"！他是在夸别人，还是在夸自己？夸自己！他又向我提供了新证据——实战经验强。

于是我第三句马上转变赞美的方向，改夸他的实战经验，我说："过去企业家到高校研修班听课，就看谁的知名度高——龙秘书长、郎教授、于女士……现在大家听课听多了，都知道你名气再大，和我一毛钱关系没有。讲的课是否用得上，最关键。"

我又说："像您这样的实战型高手，只要肯出山，我保证不出一年，您的品牌影响力就会遥遥领先！"

刘总爽朗地大笑："你要是这么说，我马上出来讲课！"

此后，刘总每次在讲师团见到我，都会调侃我："肖老弟，肖老师，肖大师，讲师团里500多名老师，我最喜欢你。因为你特别理解人！"让我颇感意外的是，刘总后来不但与我成了忘年交，而且还推荐我到几家大型企业担任管理顾问，让我的见识和收入都得到了不小的提升。

我才疏学浅，对此很是不安。刘总却相当淡然，安慰我说："这不过是几句话的事。"其实，我与刘总的结交，又何尝不是"几句话的事"？

转向赞美法则：赞美却不让人觉得肉麻，要学会"翻译"对方的心里话。

应用深化：对方的"谦虚"，往往是在请求"二次赞美"

刘总的故事我跟太太讲过。太太说："这辈子我就佩服两个人。一个是我闺蜜，中国移动的高管，她特别会说话，所以升职特别快。第二个就是老公你了。"我说："人家是中国移动的高管，见多识广，实战能力特别强。我一个当老师的，能力一般，水平有限。我只是有点实战经验，有点理论而已。"

我太太点点头，转身要走，我说："你给我回来，我在请求你二次赞美呢！"

刚教完你就忘！你觉得一辈子就佩服两个人，夸我已经很"不要脸"了，可我觉得你"不要脸"得还不够！什么叫佩服两个人？你应该只佩服我一个人，我都给你提供证据表达不满了——你的闺蜜"只有实战能力"，我是"又有实战经验又有理论"。

弱势沟通是中国人自己的理论。在几大高校研修班的上千门课程中，满意度数一数二。你的闺蜜有这种水平吗？太太怎么说我才高兴？——"让她拜你为师，她才能真正提高能力……"这样，我就满意了。

我太太说话经常是夸一句损一句，比如："老公啊，你这人还真是有点才华……但你为什么总不洗脚就上床？"我说，你为什么总是一正一反地说话啊？她说这样显得客观。

我说："呸，鬼才要你客观！本来听了前半句，我正处于半麻醉状态，等着全麻呢，没想到听完后半句又清醒了。"

转向赞美并不难，简单的方法才有效。刘总毕竟德高望重，只向我提供了两次证据。加上第一次赞美，我总共只赞美了三次。比较极端的是，我曾经遇到过最"自恋"的学员，一位小企业老板，一连向我提供了6次证据，我连续赞美他7次。之后这位学员怎么说？"老师，您是我人生的唯一知己！怎么句句话都说到我心里去？"

当我是算命的不成？每个证据其实都是你自己提供的。毕竟，这个世界上没有人，比你自己更了解自己！

<u>转向赞美法则：对方提供几次证据，就追加夸奖几次。转向赞美的高级层次是连续赞美。</u>

应用练习：人人都可以成为转向赞美高手

不练习等于没学习！转向赞美在生活中无处不在，训练两次就能熟练掌握。

练习1

前一阵子，中学老同学聚会，我们当年的班主任现在已成为校长了。

同学们纷纷夸奖老师：当年您的课讲得真好！老师谦虚了一句：其他老师都是师范大学本科毕业的，我只是专科学历。

这句话什么意思呀？同学们都没听懂，只有我听懂了。本科毕业的没当上校长，专科毕业的反而能当？我马上说，您真是"讲课天才"呀！（注意：如果你实在想不到什么好的词句，就说"天才"二字，这是谈先天基因，没人能抗拒），老师就等着这句话呢，听别的话都觉得不过瘾，马上眉开眼笑："一会儿你别走，我们好好聊一下……"酒席宴间，同学们夸了老师几百句话，都没有我这一句"翻译"的话打动人心。

练习2

电影《A计划》中有这样一个情节：成龙扮演的水警伪装成商人，去海盗岛上刺探情报，三句话与有敌意的海盗头子变成好朋友。

第一句，成龙说"罗岛主好"，海盗头子没理他："我在家里行三呀……"这句话什么意思？你没听出来，成龙听出来了，马上改口说："三爷好。"后文在"称呼金币"部分会讲到，称呼姓氏显得疏远，要按家里的排行论才亲密。

海盗头子还是没理他，继续说："我今年35，不过风吹日晒的样子赶不上你细皮嫩肉呀……"这是什么意思？你没听出来，成龙又听出来了，马上改口说："三哥好……"海盗头子意思是，你是嫌我老吗？我这是晒的！

三句话，从罗岛主，到三爷，再到三哥。人家说上半句，你马上就能对出下半句。海盗头子什么反应？拍拍成龙肩膀："嗯，难怪老弟你混得风生水起的……是不是跟肖老师学过弱势沟通呀？"

最后这句是我加的。

第二章

弱势沟通是发自内心的尊重

第4计　称呼金币

用称呼体现尊重，再挑剔的人也会对你产生好感。

前人故事：用称呼体现尊重，是中国人独有的沟通绝技

先贤一句话，胜读十年书。看似简单的沟通，背后却暗藏着一个民族的语言传统。什么是称呼金币？

通过称呼表达内心的尊重，这是我们中国人在语言上的先天优势。西方人往往对他人直呼其名，以示平等。中国人则对他人使用客气的称呼，表达尊重。从这一点来说，中西方沟通文化有明显的不同。

中国自古就是礼仪之邦，在称呼方面更是博大而精深。古人谦称中的愚、鄙、仆、卑、臣、寡人、孤、朕，敬语中的令、贤、仁、尊等，虽然各有细微不同，但都能暗中表示我们在沟通中的善意。

相比之下，西方人的称呼就显得简单直白：在英语中，姑姑、姨妈，甚至隔壁邻居的大婶，全部统称 aunt，二叔、三舅甚至街坊对门的大爷，一律都是 uncle。彼此之间的亲疏远近、血缘关系，在称呼上可能一眼看不出来。

中国人在称呼上的谦逊，有时还会引起西方人的误会。比如：中国人所说的"犬子"，并不是直译"狗的儿子"，而是自己的儿子；而中国人说的"世兄"，也不是称呼你大哥。在古代，只是对世交的平辈甚至晚辈的尊称。

为表达尊重，中国古人有时还会在某人的姓名后面加上官名，或是籍贯，比如：称杜甫为杜工部，称柳宗元为柳河东，称孟浩然为孟襄阳……这一点，西方人可能不大懂，其实两个名字是一个人。更麻烦的是遇到谥号，比如：康熙死后就被尊称为"合天弘运文武睿哲恭俭宽裕孝敬诚信中和恭德大成仁皇帝"，每个字都大有一番讲究，西方人这回是彻底糊涂了，这位有俄罗斯血统吗，怎么名字这么长啊？

中国人通过称呼表达尊重，体现在每一个看似微小的细节中。这里仅举一个小得不能再小的例子：古代妻子对丈夫的称呼就几十种之多：夫君、郎君、相公、官人、外子……还有一种平时不多见的称呼是良人。比如，唐代大诗人张籍在那首著名的《节妇吟》中写道，"妾家高楼连苑起，良人执戟明光里"，为什么在这里，老婆对老公用到了"良人"的尊称，而不用普通的"夫君"或是"郎君"？当然是在表明自己的态度，我老公那么优秀，我又怎么可能接受你的诱惑呢？所以最后的那句"还君明珠双泪垂，恨不相逢未嫁时"，在婉拒中透露着果决，也就顺理成章了。

在西方人的沟通中，往往是没有称呼这个概念的。但在中国人的沟通文化中，称呼却十分有用，而且往往必不可少。为什么要用称呼来表达尊重？因为在沟通中，这是一种互为因果的关系，你尊重我，我才会尊重你。正如中国古人所说："投我以木桃，报之以琼瑶……投我以木瓜，报之以琼琚。"

后人品味：职场上称呼的不同，表明关系的远近

中国古人的称呼可能比较烦琐，相比之下，现代人的称呼则更为简化。尽管简化了，不同的称呼还是蕴含着不同的意义。管中窥豹，在这里，我只以现代职场上七种不同的称呼为例，简单谈一下自己的体会。

比如：我叫肖阳，当年在职场上，下属对我大致有七种称呼，分别是：肖经理、经理、肖总、肖哥、阳哥、头儿、老哥，每一种称呼看似区别不大，其实其中巧妙各有不同。

一、不带姓称呼职务，代表对人的尊重

我年轻时曾在某企业集团一年连升三级。有些之前的上级成了我的下属，从称呼上就能看出双方关系的远近。

看不起我的人会怎么称呼？肖经理。虽然你现在是事业部的老总，但一年前不还是个经理吗？称呼过去职务的，大多是我的老上级，有点摆一摆资历的意思。

比"肖经理"更亲的称呼是什么？经理。电视连续剧《亮剑》中就有这样的场面：新中国成立以后，李云龙到南京军事学院学习，见到老首长刘伯承怎么称呼？一不称刘司令，二不称刘院长，三不称刘元帅，因为称呼姓氏体现不出亲近之感。若称呼"首长"，就显得更疏远了。李云龙尊称对方为"老师长"。三个字一出口，就代表我李云龙不管当上多大的官，永远是您手下的独立团长，是您的老部下。

电影《大决战之淮海战役》中，也有一个一闪而过的镜头：开会前，粟裕将军依次向几位老帅问好，应该怎么称呼？按照"先外后内"原则，首先与刘伯承握手，"刘司令员您好"；其次是邓小平，"邓政委您好"；最后才能与自己的老上级陈毅握手，怎么称呼？"军长您好"。

刘伯承是中野司令员，陈毅是华野司令员。凭什么称呼陈毅的时候把人家官降一级，改为"军长"，而且不加姓氏？这里面大有学问。这两个字一出口，就代表"我粟裕永远是您在新四军当军长时手下的那个小兵"，话语中透露出对老领导的无比尊重。陈毅笑得合不拢嘴，很是欣慰。

职场上也是如此，别人是张经理、王经理、赵经理，只有你是"经理"，是专有称呼，代表对你的尊重。

二、称呼中应该考虑双方年龄的差距

比经理亲近的称呼是"肖总"，或是"肖哥"。那么比"肖哥"更亲近，应该如何称呼？

是"阳哥"。我的名字"肖阳"两个字，称名比道姓更显亲近。比如对刘德华，喊一声刘哥，马路上好几个人回头，因为都姓刘。喊华哥、华仔，专指性比较强。

比"阳哥"更亲近的是什么？一字即可。不是"肖"，容易误解，以为你说的是东北话——你找削啊？也不是"阳"。羊？还猪呢？也不是"亲"，你要是对我说"亲"，我就让你亲。

应该喊"头儿"，"头"字后面加个儿化音。"头儿"可不能随便加姓或者加名，不能说"阳头儿"，羊头？还狗肉呢！

比"头儿"更亲近的，可以称呼"老大、老板、领导"，或是"老哥"。中国人讲"长兄如父",对方比你大十岁,叫"叔"给人家叫老了,叫"哥"不够尊重。叫"老哥",相当于尊称他为半个父亲。

注意,当上级称呼下级时,能称呼名就不要称呼姓,这样才会更亲近。比如刘德华,你喊"小刘",人家还以为你喊前台呢——"小刘,给我倒杯水来",这样不够尊重。喊"德华"才显得厚重,有一种他是你左膀右臂的感觉。

但只有喊下级时才可以直呼姓氏后面的名字,称呼上级和长辈可不行。很难想象:岳云鹏见到郭德纲,一拍师父肩膀,语重心长地说:"德纲啊……"恐怕郭德纲当场能给气个半死。

三、不知如何称呼时,要用敬语代替

不知道如何称呼怎么办?也不能胡乱称呼。

比如问路时,不能随便拍人肩膀说:"师傅,问一下……"人家一转身:"悟空,你要到哪里去?"叫"师傅"会让光鲜靓丽的小伙子听着别扭,甚至会让他怀疑人生——我长得像做菜的师傅还是念经的师父?再比如,不能见到长头发的人就客气:"大姐,请问一下……"对方一回头,是个大哥。可巧你这次遇上个艺术家,怎么办?很尴尬!摸不准时,可以用敬语代替:"麻烦您,请问一下……"

当年我连升三级,顶头上司变成了我的下级,他怎么称呼我?他不好意思用任何称呼,干脆不用称呼:"哎,我跟你商量件事……哎,我跟你汇报件事……"不知道人,还以为我姓 A 呢,怎么取了个外国名?真是让人哭笑不得。

总结一下:肖经理、经理、肖总、肖哥、阳哥、头儿、老哥,7 种称

第二章 | 弱势沟通是发自内心的尊重

呼越来越亲近。另外，对下级能称呼名就不要称呼姓。

称呼金币法则：西方人对他人直呼其名，以示平等；中国人则对他人客气称呼，以示尊重。

实战场景：为什么弱势沟通提出"称呼能够改变关系"？

前人栽树，后人乘凉。来看一下我们现代人"乘凉"的案例。

多年前，我刚刚大学毕业，成为一名销售业务员，一无能力，二无背景，三无胆量——与人说话时不敢直视对方，视线总是下垂……我这辈子走路能捡到不少零钱。走路时不敢走中央，经常溜边儿走，同事们戏称我是"属黄花鱼的"。客户若是说了一句重话，我恨不得当场找个地缝钻进去。

有一次，为了推销一种叫UPS的机电产品，我不得不硬着头皮与报社、银行、海关等大客户打交道。其中最让我手足无措的是公司的重点客户——某报社设备处不苟言笑、目光威严的姜处长。

初入职场，我当年的沟通困境你可能也曾遇到：甲乙双方的身份并不对等。我年纪轻，人家年纪大；我职位低，人家职位高；我见识少、人家见识广，所以能有什么共同语言？这种困难情况下，应该如何"破冰"，打破沟通的僵局？

我自己也没想到，看似简单的"称呼"，竟然成为双方关系改变的突破口。

最初，我和其他竞争公司的业务员一样，称呼他为"姜处长"，这个称呼虽然很正常，但很难让双方有亲近之感。接触了一个月，我偶尔听到他的下属称呼他为"处长"，顿时开悟，称呼时也去掉姓氏，马上拉近了双方关系，"处长，我又来麻烦您了""处长，给您带来了最新资料"……虽然只是少了一个"姜"字，看似微不足道，但这是一种潜移默化的心理暗示，表明双方是"自己人"，仿佛是上下级之间的交流，而不再是甲乙双方谈判的关系。这样称呼的好处是，姜处长的脸色开始渐渐柔和起来，话语也亲切了许多，有时还会抽空和我开上几句玩笑。

这只是小进步。三个月后，我第二次改变称呼，才真正拉近了彼此的关系。那次与他在办公室里交流，我随口问了句："处长，您的孩子多大了？"他回答："我结婚早，孩子快大学毕业了，和你年纪差不多。"一般人大多会错过这句话，那时的我虽然还不懂弱势沟通，但直觉是敏锐的，马上抓住机会："过去真是不够礼貌！应该称呼您'姜叔'才是。"姜处长很开心，连连摆手说："不用这样客气。"

此后，我对他的称呼就从"处长"改为"姜叔"，这使双方关系产生了本质变化，不再像业务关系，更像亲友关系。当我说："姜叔，最近有时间一起吃个饭吗？"话语出口，双方都觉得比较自然，仿佛是家人间的一次聚会，他有时会欣然接受。而如果说"姜处长，我想请您吃饭"，语气就显得生硬了许多，效果自然也不会好。

小进步当然还不够，第三次改变称呼才至关重要。由于公司的产品质量过硬、价格合理，我与姜处长合作相当愉快。接触了半年之后，双方更加亲近了。有时，我会陪他在办公室里喝茶，谈天说地，这使我得到了第三次改变称呼的契机。

一次，姜处长长兄的儿子去单位看他，和我们一起喝茶。姜处长在家中行三，他的侄子不会叫他"姜叔"，那应该怎样称呼？"三叔"。姜处长的侄子比我年长十多岁，与我谈得相当投缘，我顺势称之为"老哥"。对姜处长的称呼，也因他的侄子而改变。我不再称呼"姜叔"，而是称呼"三叔"。一字之差，天壤之别。

初入职场，作为一名小业务员，我是典型的弱势群体。当时我最吃亏的地方在哪里？口齿木讷，不善言辞，也不会说什么漂亮的奉承话，有时会无意中得罪一些人。

原来，姜处长手下有几位掌握着"生杀大权"的员工，对我看不顺眼，所以在业务过程中经常推诿扯皮，暗设障碍，有时还鸡蛋里挑骨头。有一天，一名技术人员无意中听到，我称他们上司为"三叔"，姜处长还微笑回应，当时大吃一惊。不久之后，那些为难我的人，仿佛都在一夜间消失得无影无踪！他们一反常态，变得慈眉善目，对我处处帮忙、悉心关照。让我自己都有些不敢相信，恍如隔世。

刚毕业第一年，我就在姜处长和其手下员工的关照下完成了上千万的销售业绩，在公司新老 80 名业务员中排名第一，让许多老业务员大跌眼镜。但只有我自己知道，称呼在中国人的沟通中，有多么重要的意义！

<u>称呼金币法则：不是到了什么关系，才能用什么称呼；而是用什么样的称呼，才能形成什么样的关系。</u>

第 5 计　诱导说话

把说话的权利让给对方，是给予"心灵金币"最好的方式。

前人故事：万言万当，不如一默，张廷玉成为雍正最信任的宰相

先贤一句话，胜读十年书。看似简单的沟通，背后却暗藏着一个民族的语言传统。什么是诱导说话？

张廷玉，字衡臣，号砚斋，是康熙、雍正、乾隆三朝元老，做了三代宰相。整个清朝，他是唯一配享太庙的文臣，死后能跟着历代皇帝一起吃烟火、享供品。这不是平常人能做到的事，因为他有平常人没有的沟通水平。

张廷玉出身世家，祖上传下来的经验，最后总结为一句话——"万言万当，不如一默"。意思就是，即使你说得再好，一万句话都有道理，也不如沉默一次，把说话的权利让给对方。

张廷玉的三任老板都各有特点：康熙雄才大略，雍正锱铢必较，乾隆则好大喜功。没关系，他们再牛，毕竟都还是人不是？是人就难免有人性

的弱点：都不喜欢被旁人看穿心思。那么，张廷玉表现得"慢半拍"，看似不够精明，才是在帝王面前的生存之道。

有一回，雍正亲自审问骂他"谋父、逼母、弑兄、屠弟"等十大罪的书生曾静，并且法外开恩，恕其不死，所有大臣都不懂——这样的人还不杀？

张廷玉也奇怪，雍正也承认自己刻薄，怎么这回倒变得"仁厚"起来？不都说江山易改、本性难移吗？张廷玉突然灵光一闪：皇帝是想显示自己的"光明正大"，事无不可与人言。留下这个"反方辩手"一命，借审问之机公之于天下，诉一诉自己的委屈。但此事也太荒唐了，朝廷再没人，也不用皇帝亲临一线、赤膊上阵吧？

看出来却不能说，这时候应该怎么办？身为宰相有两种做法：第一种，不够聪明的人，一定会抢话，当众说破皇帝的心思，显示自己思维敏捷，与皇帝"心有灵犀一点通"。但这明显是抢了雍正的风头（抢了"心灵金币"），过后难免会遭到记恨。还是那句话，"万言万当，不如一默"，你一个宰相比皇帝还精明，这算怎么一回事？张廷玉选了第二种做法，他沉默了一下，开始装傻："不杀不可，臣以为还是应该严加治罪，以彰国法！"

果然，连张廷玉也看不懂自己的操作，雍正相当得意，侃侃而谈："你们不懂，朕的本性就是卒然临之而不惊，无故加之而不怒，曾静这样的人，值得和他计较吗？……他说对了吗？没说对！既然是这样，还怕什么呢？不就是辩论吗？真理越辩越明！大家别担心，辩论这件事，从小到大我还没怕过谁！"

后面这几句话是我加的，反正就是这个意思。终其一生，雍正为什么特别喜爱张廷玉，称其为一日不可或缺的"大臣中第一宣力者"？最重要的原因之一在于，这个宰相从不抢话！该闭嘴时闭嘴，该糊涂时决不精明。每次都能诱导雍正尽情当众"表演"一番。简单讲，君臣二人角色分明，有如相声搭档。雍正是逗哏的，每次都离不开张廷玉这个捧哏的陪衬。这二位，一个"帅卖怪坏"，一个装傻充愣，配合得那叫一个默契，每次都能把旁边的文武百官看得目瞪口呆。

肖阳点评：总是在抢话，不给对方说话的机会，这样的人对别人缺乏起码的尊重。他们以为自己反应敏捷、善于沟通，恐怕却是适得其反，沟通还没到入门的水平。

后人品味：变被动倾听为主动倾听

前人故事，后人如何参考借鉴？我个人体会的第一点就是，变被动倾听为主动倾听。

比如，夫妻之间为什么吵架？有时就是因为太太说话时先生心不在焉，躺在沙发上只会"嗯"一声，应付了事，活像一条脱了水要死的鱼。

有时，还会打断太太兴致勃勃的发言。比如，她买彩票中了奖，对你说："老公，我中了200元钱。"你说："才200元？还不够我去吃顿饭呢！真是没见过世面！"兜头一盆凉水浇下来，动辄如此，再好的感情也会破裂。

这样的被动倾听只会引发矛盾，换成主动倾听就没问题了，要用诱导说话，来放大对方的快乐。你说："200元真不少啊！咱们家还从来没有中过这么大的奖。快讲讲，怎么中的呀？"

太太说："以前，我用你的生日号码买彩票，总也不中奖。后来一想，你就没有那么好的运气！你这辈子最好的运气就是遇到我……所以用我的生日，但还是中不上，最后用咱们孩子的生日，你看，中了吧……"叽里呱啦，足足讲了 20 分钟。

她一停，你再问："中奖的人多吗？"她会说："哎呀，哪有那么容易。好多人买彩票，最后只有我一个人中了这么大的奖。彩票站的老板都说了，让我以后经常去，给他带来好运气……"又讲了 20 分钟。

话音一落，你接着问，关键是不能让她停："你们单位有人买彩票吗？"太太更快乐了："好多人买！隔壁工位的老张，买了二十年彩票，连一分钱都没中。你说奇怪不奇怪……"

200 元的事，她讲了一个小时，比中了 2 万元还快乐！她的快乐会"传染"你，你的快乐再回传给她。这称为"快乐螺旋"——双方的快乐，像螺旋一样不断上升，感情自动升温。

太太的唠叨，是亲密的表示。既然听也得听，不听也得听，为什么不诱导她说话，变成"她好我也好"呢？

诱导说话必须有耐心，不能对方没说几句你就抢话，更不能天马行空、离题万里地提问，打断对方的思路。几年前，我在高校讲解《资治通鉴》，这部书是由北宋司马光编著的。司马光大家都知道，就是砸缸的那位。

太太很感兴趣，也想读，但读了没有几天就跑来向我诉苦："老公啊，我知道司马光为什么写这本书花了 19 年。他写完这书就死了，我要读，很可能会读死！怎么这么长啊……你能不能简单讲一下这本书的特点？"

这是一个很好的问题，我摩拳擦掌，准备大显身手："全书294卷，300多万字，与《史记》不同，它是一本编年体史书……"

太太打断我："这些我听不懂。我只有一个问题——司马光为什么要砸缸呢？他要是想喝到缸里的水，把石头丢到水里，水面上升，他不就能喝到水了吗？"

我当时脑子就短路了，好半天才说："你说的这个是乌鸦吧？司马光要救人，还往缸里丢石头？他是恨缸里这人不死是怎么的？浮上来，砸下去？这不是砸缸救人，这是落井下石啊！你的记忆力可太差了……"

太太面红耳赤，争辩道："谁的记忆力差，你还有脸说我？你连自己的信用卡都丢了呢！"我心说，不能啊！我只有一张信用卡，睡觉时都恨不得含在嘴里，也没丢过呀！

我正在冥思苦想，过了一会儿，太太红着脸凑过来："老公啊，对不起！我刚想起来……那是我上个男朋友的事。"

我这个郁闷啊！明明准备了一肚子的话，刚说了一句就全被憋了回去。心里堵得慌！诱导说话可以，但你能不能不要打断我？

后人品味：把无效提问换成有效提问

前人故事，后人如何参考借鉴？我个人体会的第二点就是，把无效提问换成有效提问。

所谓有效提问，就是根据对方话中的关键词进行提问。男女交往中，这是最实用的沟通技能。比如相亲时，你不能傻呆呆地问对方"你吃了吗？"，这是无效提问，如果对方说"吃了"，下面你都没法再接话了。俩人只能尴尬地互相看着。

要抓住关键词，比如：女孩子随口说一句："我今天上班很累。"这句话中有3个关键词："今天""上班"和"很累"。

第一种提问方式：抓住关键词——"今天"。可以问："今天很累，平时不那么累，出了什么情况？"女孩子可能会说："我的车坏了，还没修好，所以早上只能去挤地铁。你说讨厌不讨厌，车厢里还有人吃韭菜盒子，味道能呛死人……"

让女孩子讲八卦、诉委屈，她讲上一个小时都不会停止，你只要点头附和就可以。什么都不用说，感情也会自动升温。

第二种提问方式：抓住关键词——"上班"。"上班很累，那你不上班时会用什么方式为自己减压？"女孩子可能会说："只要不上班，当然是在家里照顾我的小猫和小狗。两个小家伙好有意思呀，经常打架。猫咪凶得很，别看狗狗体型那么大，每次都被打得落荒而逃……"

这种话题，她说上几个小时都不会累，你的倾听又何尝不是在为她减压？

第三种提问方式，抓住关键词——"很累"。"为什么很累呢？是什么事让你觉得很累？"女孩子可能会说："其实工作并不累，但是我们的领导太奇葩，要求太多。他这个人呀……"

这里又出现了两个关键词，"领导"与"奇葩"。等她讲完了故事，你可以继续追问，"你都遇到过几种类型的领导？"或是"你还遇到过什么奇葩的事？"。如此，抓住关键词，一句一句地问下去，让她说到第二天早上都没问题。

道别的时候，女孩子也许就会说："你这人真好，和你说话真开心！还有好多事，我下次再告诉你好不好？"

"和你说话真开心"，其实你说了什么？从头到尾没有说几句话，就能得到这样好的评价。追求女孩子，打开话题，世界上还有比诱导说话更简单的方法吗？

诱导说话法则：听比说更重要！你可以不会说，但不可以不会问。

实战场景：为什么弱势沟通提出"说得越少，效果越好"？

前人栽树，后人乘凉。来看一下我们现代人"乘凉"的案例。

经常有学员问："我口齿笨拙，可以学弱势沟通吗？"那么恭喜你了！沟通高手其实往往都是很少说话的人。

比如我，天生性格内向，见了异性就脸红，所以直到大学毕业也没女孩子喜欢。小时候去商场买东西，看都不敢看女售货员，更别说讨价还价了，拿上东西转身就跑，结果售货员追上来："你还没给钱呢！"

听过一个笑话：有个县官不相信天下所有男人都怕老婆。随意抓来100个人，吩咐怕老婆的站左边，不怕老婆的站右边。结果，呼啦啦，99个人都站到左边去了。县官还挺高兴，这不是还有一个不怕老婆的吗？

结果这人说："我老婆跟我说了，人多的地方，不让我去。"他比谁都怕！

"人多的地方不去"，说的就是我。这种性格，让我在年轻创业时倍感艰难。

第二章 | 弱势沟通是发自内心的尊重

20世纪90年代，我大学毕业几年后，开了一家小得不能再小的广告公司。算上我这个"董事长兼总经理"，公司总共也不到5个人。

为了讨生活，我经常要与电视台广告部打交道。某电视台掌握"生杀大权"的崔主任，是位青年才俊，更是一个正直孤傲的人。不少广告公司的老板试图拉拢他，但请客送礼都会被严词拒绝。他只认我一个人是朋友，对我百般照顾。而我们的结交，不过是始于一次"几乎没说话的沟通"。

"没说话"算哪门子沟通？这种沟通有常人想不到的作用！

某天下午，崔主任正在审查广告，我凑上去与他闲聊："听说您做过记者、编辑，还当过播音员，真是电视台里的全才呀！"崔主任头也不回，说了句："那有什么？我在艺术学院上学时还演过电影呢！"不会沟通的人可能觉得这句话没什么，那就会错失良机。那时的我，虽然不懂诱导说话，但沟通的直觉还是有的，连忙追问："您不是骗我吧？您是主角还是配角？电影讲的是什么故事？"

自然是主角，一部小成本的爱情片。那天，崔主任把电影的各个场景细致入微地向我描述了一番。当讲到他对几个关键镜头的处理和表演上的创新，连导演都要竖起大拇指时，我们二人抚掌大笑，连呼痛快！

这一下，聊到日落西山，聊了五六个小时，我统共说了不到10句话，除了倾听就是提问。这是最好的"送心灵金币"，双方遂成莫逆之交。

后来，崔主任帮了我很大的忙。100万额度内，只要我一句话。不用预先打款，广告就可以如期播出，在与电视台合作的广告公司中绝无仅有！这就相当于一笔巨额贷款，对于我这家举步维艰的创业公司来说，不亚于一场及时雨。这是崔主任个人为我做的担保，而我甚至没有请他吃过一顿饭。

诱导说话法则：君子之交，贵在交心。学会倾听，必有贵人。

彩蛋：把说话的权利让给对方

如果您看完了整篇文章，还不清楚什么是诱导说话，那么只要记住这样一句话——"把说话的权利让给对方"！这是弱势沟通与常规沟通最显著的区别。比如在一个小时的交谈中，不管你说得如何正确、如何有价值，只要说话超过30分钟，都是在"抢心灵金币"。好是自己最多说10分钟，诱导对方说50分钟，这才是偷偷"送心灵金币"。

诱导说话可以解决许多看似无解的沟通难题：一名年轻的业务员拜访一位据说很不好说话的客户，发现办公室角落里有一支钓鱼竿，问客户："您还喜欢钓鱼？我也喜欢，但不太懂，这里面有什么门道？"

客户作为甲方，天天听够了奉承，难得遇到"不太俗"的人，于是侃侃而谈："我在比赛中还获得过三等奖呢！钓鱼有'五钓''五不钓'，比如浑水钓、清水不钓，阴天钓、晴天不钓……"讲了好几个小时，最后说："你这个小伙子很不错嘛！明天来签合同！"

正经的业务，双方一句都没谈。年轻业务员就这样攻克了别人攻克不了的难关，事后公司领导评价：只有人"卖出去了"，产品才能"卖出去"！

诱导说话技巧：与对方分享快乐，等于无形的赞美，是沟通中必不可少的素养。

第6计　过后辩论

当场辩论等于"对面拱火"。等到对方怒气渐消后再解释。

前人故事：先执行，后申诉，晏子不愧为三代君主最喜爱的名臣

先贤一句话，胜读十年书。看似简单的沟通，背后却暗藏着一个民族的语言传统。什么是过后辩论？

春秋时的齐相晏子，是中国古代弱势沟通的代表人物。

晏子这个名字，许多中国人从小耳熟能详，"晏子使楚"的故事可谓家喻户晓。但少有人知道，一身正气的晏子也是不可多得的沟通高手，他是中国历史上在位时间最长的国相之一，先后辅佐齐灵公、齐庄公、齐景公三位君主，五十年恩宠不衰。

史书记载：齐景公的爱马突然暴毙，景公要当庭肢解了养马人。如果你是个耿直的大臣，又刚好不太会说话，肯定会直接上前阻拦："随意杀人是不对的，您这样做是典型的暴君！"唉，道理是对的，但命也没了。

晏子却会"过后辩论"。他说："是可忍孰不可忍！左右都让开，我亲

/ 45

自操刀！"他拿起刀围着养马人开始转圈，左瞧瞧右看看，前走三步，后走三步，就是不下刀。这把景公给气坏了，说："你倒是动手啊，你准备用眼神杀死他呀？"

晏子说了句话，把景公气乐了："臣在想，古代尧舜禹这样的明君，当庭肢解人，第一刀应该从哪儿下呢？可不能失了礼仪纲常啊！"景公经常自比尧舜禹，但明君从来不会不经审判当庭杀人，就没有先例。

景公闻言哈哈大笑："寡人要做明君，那就把他放了吧。"

能劝人改错，又不伤人心，晏子才是真正了不起的人！

后人品味：态度比口才更重要，时机比内容更重要

《道德经》有云："**上善若水，水善利万物而不争……夫唯不争，故天下莫能与之争。**"当场辩论属于典型的"抢心灵金币"。不懂弱势沟通的人才会乐此不疲。即使侥幸取胜也未必是好事，因为这等于间接证明了对方刚才是在强词夺理，这会激起对方更大的怒火，为你招来更为猛烈的攻击。

过后辩论则是"送心灵金币"，不战而屈人之兵。弱者面对强者，要有"缩回拳头再出击"的高级沟通思维，而不能一味地争强斗狠。有些强势的人，喜欢什么事都占个上风，就让他们去占好了，反正最终的结果由会弱势沟通的人决定。

前人故事，后人如何参考借鉴？我个人的体会是：与强势的人沟通，千万不要当场辩驳，尤其是对于论据！辩论据，对方就会转移论点，更猛

烈地攻击你。

看一看我的亲身经历：家兄年长我6岁，从小到大他都有个"爱好"：没事就敲打我。多年前我尚不懂弱势沟通，兄弟俩一说话就拱火。

当年我在企业做高管，长兄批评我："你日子过得挺舒服啊！但是温水煮青蛙，将来可能饭都吃不上。你总是仗着一点小聪明，平时根本不努力。"

这明显是冤枉人。我当时白天忙工作，晚上给国内各大管理期刊写专栏文章，一年就发表了30多篇文章，加起来近20万字。长兄对此毫不知情，所以我相当委屈："谁不努力了？我发表了这么多文章，你要是能发表一篇，就算你了不起！"

当场辩论，无疑是在捋虎须。长兄大发雷霆："吹牛都要吹到天上去了，你拿出一篇文章给我看看！"刚好我手头有几本杂志，于是一篇篇指给他看。长兄一看就明白了，但火气更大了。

他实在找不到地方出气，于是转移论点："你为什么不刮胡子？你还想不想好了？你这样，哪个女人会看上你？我恨不得一脚踢死你！"我晕，我努力不努力，关刮胡子什么事？

等我学会弱势沟通，情况就大有不同。不久前，长兄又来批评我："不要觉得当讲师有什么了不起，讲师拼到最后比的是学习，你的学习能力根本不值一提！"

近几年来，我成为讲师团总教练，没有一天不在向其他老师学习。我经常去听其他老师的课，表面上是帮他们挑毛病，实际上是在汲取各家所长。与学员们在线上讨论，是我的另一种学习方式，这样才能不断研发

/ 47

新课题。相比业内某些"一辈子不改课件"的著名讲师，我应该是不算懒惰的。

但现在我知道，不能与长兄当场辩论，因为无论输赢都是在"抢心灵金币"。我低眉顺眼："老哥说的对，我应该听你的话，要加强学习。"

长兄颇为高兴。过了一会儿，他随口问："最近在忙什么呀？"我说："我开办了线上讲习所，每周都与全国的学员讨论问题。教学相长，从学员身上学到了不少新知识……"

敲黑板！由于是过后辩论，长兄的反应不再激烈。刚才批评我时，他好像刺猬，全身的刺都竖起来了，随时准备反击。但现在的他好比绵羊，毛已经软了下来，我怎样反驳他都没了脾气。

长兄和颜悦色地说："这很好啊！你这个岁数还这样努力，看来我刚才有些冤枉你了，你怎么不早说？"

早说？早说岂不是找死？

我真的后悔，早知道这么简单就可以解决问题，我何苦挨了几十年的骂？

<u>过后辩论法则：想当场辩赢强势的人，几乎是不可能的。过后辩论，才能一劳永逸。</u>

实战场景：为什么弱势沟通提出"先不辩论，才是最好的辩论"？

前人栽树，后人乘凉。来看一下我们现代人"乘凉"的案例。

一位女导游与一家公司约好了第二天旅游出发的时间，但公司负责人却记错了出发时间，提前了整整一个小时。次日早上，集合的员工们是左等车也不来，右等车也不来，负责人打电话想催促却没人接，大为恼火。

导游和大巴车一到，负责人就把导游骂了个狗血喷头。如果你是导游，受了这样的委屈应该怎么办？

还能怎么办？一般人第一反应当然是骂还回去，你怎么侮辱我，我怎么侮辱你！泥菩萨也有三分火气，脾气不好的人没准会这样说："自己看错了时间还来怪我？说我几句，不和你一般见识就完了呗，怎么还没完没了？你把昨天我发的信息拿出来让大家看一下，到底是谁不遵守时间？"

这样说话行吗？当场辩论，事实是清楚了，你离下岗也不远了。你过瘾了，你上司可就倒霉了，指不定要对客户说多少赔礼道歉的话。还有一些人会选择忍气吞声。没办法，打工人不容易，家里还有老婆孩子要养呢！

其实，这两种方法都不对！强势沟通固然不好，弱势沟通也不是要让你丧失做人的原则和底线。用过后辩论，蛮横无理的客户也会向你道歉！

这个记错时间的负责人其实是我的一位朋友。他向我讲述了接下来的故事：

年轻的女导游听到恶言恶语，并未当场反驳，而是连忙赔不是，从手里的拎包中拿出一些热豆浆分给大家，说："你们先消消气。"可是朋友还是怒火万丈。

半个小时后，朋友的火渐渐消下去了。这时候，女导游悄悄走过来，低声说："您是不是看错时间了？约定的时间是8点，不是7点。"

朋友翻出手机一看，顿时红了脸。的确是他看错了，冤枉了人。他问："你为什么早上不接我电话呀？"导游说："我担心你们起得早，没吃好早餐,所以特意去买豆浆。买豆浆的时候人多嘈杂,所以没能听见。"

朋友心生惭愧,一向高傲的他也不能不连忙向对方道歉,双方尽释前嫌。

朋友对我说,女导游最高明的地方就是过后辩论。如果当场辩论,当着下属的面,自己一定下不来台。事情虽然可以搞清楚,但问题的性质就变了,自己肯定还会找出别的理由来投诉她。但人家最终顾全了他的面子,所以旅游过后,他专门打电话给旅游公司,表扬了这位导游。还决定,以后双方要建立长期合作。

什么是过后辩论?不必当场争得面红耳赤,而是体谅对方的情绪。你再生气,总会冷静下来,到那时再与你讲理。沟通中,"事实"往往不是最重要的。表现出尊重,对方才能被你的善意打动。

过后辩论法则:不用当场争胜负,笑到最后是英雄。

应用练习:人人都可以成为过后辩论高手

不练习等于没学习!过后辩论在生活中无处不在,训练两次就能熟练掌握。

练习1:上级误解你,应该如何反驳?

一位学员是民企老板,说话火气向来很大。有一次,我看到他批评下属:"你一贯工作不认真,天天迟到早退!"

"天天迟到早退"是论据还是论点?论据!为了证明"工作不认真"

这个论点。说话逻辑很重要,老板一句话有论据、有论点。

下属不懂弱势沟通,还当场辩论,否定老板的论据。他越辩论,我在旁边越着急。他说:"您说的那是去年的事,去年我家里有事。今年我一次迟到都没有,您要是查到我一次迟到,现在就可以开除我。"一句话把老板的论据驳了,论点当然不攻自破,两个人当时就大眼瞪小眼,顶上了。

老板马上转移论点,他说:"你看,你看……你一贯这么桀骜不驯,当着肖老师的面顶撞我!你还懂不懂规矩?"

员工应该怎么办?方法很简单,先别急着反驳,等到老板怒气消散,没人在旁边的时候,再说刚才那番话。

练习2:遇到无理的客户,应该如何做?

空姐遇到强势客户攻击怎么办?微笑点头称"是、对"。不是说你说得对,而是代表我听懂你的意思了。如果客户攻击严重,空姐还要掏出个小本儿,帮助客户记。开个玩笑,其实记不记无所谓,哪怕你给客户画个漫画都行。

掏出小本,客户的气就消一半。在弱势沟通中,这叫肢体语言金币,后面会讲到。沟通高手能够用动作代替语言。简单讲,就是一句话不说,几个动作就把对方征服了。

彩蛋:冷过后辩论改善夫妻关系

夫妻吵架,为什么通常先生吵不过太太?因为有的太太会转移论点。

比如：太太说："你一个大老爷们儿，说声对不起，能死啊？"先生连忙说对不起。太太说："你以为说声对不起，就完了吗？"论点变了！再如：太太问先生："你跟那个女人是什么关系？给我解释清楚！"先生说："我们是正常的同事关系呀，不用解释。"太太说："不行，给我解释清楚……"先生说："那好，你听我解释。"太太说："我不听，我不听，我不听……"这还怎么谈话呀？

　　防止对方转移论点，就要过后辩论，体现应有的风度与涵养。我的一位朋友经常出去应酬，妻子怀疑他结交不三不四的女人。一次晚归，妻子又数落他一番。他一言不发，没有当场辩论。次日早上，翻出手机里昨晚的照片给妻子看："这是男的，这是男的，这个长头发的也是男的，人家是艺术家……没有女人。"妻子火气全消，心疼地说："下次少喝点酒……"如果当场辩论会怎样？妻子没准还会发怒："男的更危险！谁知道你们是不是有不可告人的关系！"

第三章

弱势沟通是换位思考的理解

第7计　正向利益

说服人，不要说"我的利益"，而要说"你的利益"。

前人故事：纸上谈兵的赵括，有一个临危不惧的淡定父亲

先贤一句话，胜读十年书。看似简单的沟通，背后却暗藏着一个民族的语言传统。什么是正向利益？

先讲一个小笑话，侧面说明问题：大学学长给刚入学的新生做报告，用的就是对方利益："新生同学们注意了！大学四年是你们人生最宝贵的四年，大学一年级千万不要谈恋爱，等你们长到哥哥这个年纪，再谈恋爱也不迟啊！听哥哥的话，把机会先让给我们好不好……"

能找出每件事中的对方利益，说服他人就易如反掌。对方利益分为两种：正向利益和反向利益。所谓正向利益就是"听我的话，你的收益会更大"。把对方利益摆在前面说话，是沟通高手才有的直觉。

看一下古人的沟通故事。

史书记载：战国时期，以"纸上谈兵"出名的赵括却有一个非常了不

起的父亲，此人名曰赵奢，是中国军事史上不可多得的奇才。但少有人知道，赵奢在成为与廉颇齐名的大将之前，只是赵国一个征收田租的小吏。学会弱势沟通，他才有了后来的成就。

赵奢刚直不阿，虽然当时只是税务局的"九品芝麻官"，却因对方抗税，接连杀掉平原君的9个管事。杀第一个，平原君没理他："除了赵王，我是赵国中最有权势的人，我还需要交税？你杀吧，反正我家里人多。"

一直杀到第9个，平原君也急了，没见过这么给脸不要脸的："老虎不发猫，你当我是病危？"不对，应该是"老虎不发威，你当我是病猫？"当时就把赵奢抓来了——过完瘾了是吧，现在轮到我来杀你了！

赵奢被抓后并不慌张，说了一段话，用的就是说对方正向利益的方法："您在赵国位高权重，国家的兴衰与您个人的荣辱息息相关。赵国要是亡国了，您的财富、地位都会烟消云散。我维护法制，是为国家好，但其实更是为了您好啊！"

听了这席话，平原君能怎么办？没啥说的，要说也只能说："杀得好、杀得妙，杀得我心花怒放。"平原君不愧是战国四公子之一，胸怀气量非常人可比。在他的大力推荐下，赵奢得到赵王的破格重用，掌管全国赋税，后又弃文从武，终成一代名将！

后人品味：谈判高手能把"我的收益"变为"你的好处"

从古至今，要说服那些位高权重的人，从来就不是一件轻而易举的事。在现实中，沟通的双方很可能是一方强势，一方弱势，双方的实力根本不对等。而弱势的一方，无论说得如何楚楚可怜，如何声情并茂，如何理由充分，只要没有说到对方的利益，要想打动对方，那都是难于上青天。

赵奢却是一位洞察人心的沟通高手，不去讲自己的"理"，只讲对方的"理"，让怒火万丈的平原君瞬间平息怒气，回心转意，改过自新。这个本事真是了不起，一言中的，直指人心，有如他在战场上的雄姿，百万军中取上将首级如探囊取物！

赵奢善用"对方利益"的故事，让我想起了《资治通鉴》里的另外一个故事：战国四公子中的孟尝君，有一次受邀去楚国，楚王送给他一张象牙床。象牙做的床，现在很值钱，当年就更值钱。楚王说："我好人做到底，派一位将军帮你把宝物送回山东老家。"

将军名曰登徒直，是个胆小鬼，他寻思着：匹夫无罪，怀璧其罪，我万一半道被人家劫了怎么办，岂不是要丢掉性命？于是登徒直用祖传宝剑贿赂一名说客："你劝劝孟尝君，别收象牙床行不行？"

到手的财宝，让人再交出来，这不是痴人说梦吗？没想到说客跑到孟尝君面前，一句话就把这个难题搞定了，用的就是说对方利益的法子。对有些人来说，比金钱更重要的利益有的是，关键在于你能不能找到。

考考大家的沟通水平，如果你是说客，应该怎么说？常规的这3种说法都不行！

第一种：谈自己利益。"登徒直将军上有八十老母，下有襁褓婴儿，送宝若被劫，死于半途，全家人就没有活路了。您不差这点钱，可怜可怜他，宝物别收了。"这样行不行？不行，这是你的利益，关我何事？孟尝君可以说："换个人送货吧，你是不知道，我养三千门客不容易，地主家也没有余粮呀……"

　　🖋 第二种：边捧边劝。"像您这样有地位、有脸面的人，怎么能随便收别人的贵重礼物呢？再说，楚王送礼就要回礼，拿什么宝物回礼？依我看，干脆别收，免得回礼吃亏。"这样行吗？不行！这是一位学员在课堂上想出来的答案，我当时只说了一句话——"贫穷限制了你的想象力"，楚王不需要回礼。

　　🖋 第三种：大言欺人。"今天来这里，我以养生专家的角度，郑重告诫您，战国科学院研究表明：睡在这张象牙床上，容易长痔疮。"这样行吗？也不行！对方又不是三岁的孩子，做说客是很严肃的事，不要这么搞笑。

　　那应该怎么说？要说对方的利益。

　　来揭晓答案。说客言道："天下有五个国家愿意聘请您做相国。为什么大家都信任您？就是因为您重义轻利，对钱看得不重。现在您收了楚王的象牙床，大家就会说：孟尝君只是对小钱看得不重，见到大钱就露出本性了。那么，是您多年积累的名声重要，还是这张象牙床重要？"

　　一言点醒梦中人。孟尝君说：我的名声多少钱能换回来？象牙床不要了！

实战场景：如何让固执己见的人瞬间言听计从？

　　前人栽树，后人乘凉。来看一下我们现代人"乘凉"的案例。

我年轻的时候，在某国企集团旗下的子公司升任部门经理，手下有一位"太上皇"员工。上班总迟到，下班分秒不差。只要时间一到，他马上会从椅子上跳起来，仿佛屁股下面装了弹簧，夺门而去。他被整个部门视为下班的闹钟。

偶尔遇到紧急任务，需要周末加班，公司的加班费很高，但他坚决不要，带头请假："我家里有事，不能加班。"态度不积极，工作能力更是一塌糊涂。他做过的项目基本上都要返工重来，经常让同事替他"擦屁股"。

年终绩效考核，不出意料，"闹钟"排名垫底。按照公司末位淘汰的规定，我提请人力部门将此人劝退或者开除。

有好心同事过来劝："你不知道吧？他是老板的亲戚。你一个芝麻大的官，去捅这个马蜂窝，是不是不想干了？你上司也不敢惹他呀！"

果然，老板对我大为恼火！不难理解，这件事让他在家人的面前大大失了面子。作为老板，你连一个小职员都"保护"不了？老板执意要替"闹钟"作主，并且放出话来："我倒要看看，在这个公司里谁说了算！"

上司替我说情都没用。老板固执己见，我这个"九品芝麻官"看上去凶多吉少。第二天老板亲自找我谈话，如果沟通得不好，不用开除别人，我首先会把自己给"开除"了。如果你是我，应该如何说服老板？

常规的三种方法，不是弱势沟通，都行不通：

第一种，据理力争型。"这样的员工不思进取，不开除怎么能行呢？他平时的工作表现您可能不知道，我向您汇报一下……"老板会说："别说那么多没用的！下属有缺点，只有开除这一种方式？你有没有缺点？是不是公司也要开除你？"

第三章 | 弱势沟通是换位思考的理解

❀ 第二种,委屈诉苦型。"我带这个团队不容易呀!时间紧、任务重,每个成员都有指标要完成。偏偏他干啥啥不行,吃啥啥不剩。他完不成的工作,谁来替他承担?"老板会说:"嫌工作辛苦?你可以让贤嘛!哪个部门比你们清闲?越是这种情况,越考验你的领导能力!"

❀ 第三种,自掘坟墓型。"公司任命我做经理,不是让我来做老好人的!有他没我,有我没他。他留我走,我留他走。留他留我,三爷,您老看着办吧!"这是把老板当成了"座山雕"。老板会说:"咦,你还敢当面叫板?你看看你,是什么态度!你什么职务,我什么职务?以后我们换过来,你管理我好不好?"

只顾着说"自己的利益",说得再多老板也不会改变主意。那么,如何找出"对方的利益"?

"摆事实、讲道理"是没用的,沟通中,思维不能直来直去!又不是一天两天的事。事实,老板会不清楚吗?道理,老板会不明白吗?

只有更大的利益,才能让老板放下眼前的面子。那么有没有让对方无法割舍的利益?这个可以有,也必须有!只有这样,我与老板才能成为同一阵线的盟友。

我说:"我这样做,实际上是为了您……"

老板很是诧异:何以见得?

"公司目前正处于爬坡的阶段!"我说,"在这个关键时期,业绩的每一分增长,都能成为您在集团内部继续升迁的助力!您年富力强,被集团寄予厚望,只要业绩上去了,您的前途会一片光明。"老板点头认可,我继续说:"如果因为某些员工,带坏了公司风气,拖累了公司业绩,最受伤害的实际上是您！"

我最后总结："是未来的前途重要，还是眼前的亲情重要？您一定比我更清楚！"

这是从内心"瓦解"对方辩论的念头，不在事实上过多纠缠，只谈背后的利益。不战而屈人之兵！把正向利益说出来，不用我多说，老板自己就开始说服自己了。两相权衡，老板思考了一下，果然认可了我的观点。他说："你做得对，对不符合公司要求的员工，不能一味心慈手软。放心大胆地干吧，我支持你！"

我收拾了多年无人敢管的"刺头"，让整个团队的士气为之一振，部门业绩也遥遥领先，全公司上下刮目相看。

正向利益法则：找出"对方利益"，让对方自己说服自己。

第8计　反向利益

所有人都希望"得到",但更怕"失去"。

前人故事：苏秦的族弟苏代，沟通水平比他还要了不起

先贤一句话，胜读十年书。看似简单的沟通，背后却暗藏着一个民族的语言传统。什么是反向利益？

先讲一个大家熟知的故事。《水浒传》开篇，八十万禁军教头王进命悬一线！他父亲当年在街头卖药时痛扁过高俅。高俅上任第一天，准备以牙还牙。如何劝说才能救人一命？

第一种劝法："王进并无大错，太尉不能滥杀朝廷忠臣！"这等于说领导心胸狭隘，只能火上浇油，高俅会说："来呀，把这个犯上的和王进一起打死！"

第二种劝法："您大人有大量，放过王进才显高风亮节！"这用上了"正向利益"劝说，但只是一顶高帽，说服的程度显然不够。高俅会说："有仇不报非君子！我今天就没有高风亮节了，你咬我？"

书中的第三种说法才有效，用对方"反向"利益来劝说，威胁暗含其中。有聪明人说："王进死有余辜，但太尉您今天头一天坐府升堂就杀人，可是十分不吉利的，等几天好不好？"高俅想：这话是为我考虑，王进什么时候杀掉都可以，可不能让我沾了晦气，且饶过他这一天！

结果是，王进当天晚上带上他妈就跑了。

所谓反向利益就是，"不听我的话，你损失更大"。

把反向利益沟通法发挥到极致，想害你的人也会反过来帮你。在中国历史上，这一点做得最好的人是苏代，他是苏秦的族弟。很少有人知道，他比苏秦还要了不起，是战国纵横家中不可多得的沟通奇才。

在战国时期，君主弱而诸侯强，"儿子欺侮老子"这样的事经常发生。《战国策·周策·西周》中记载：当时周天子遇到一件倒霉事——楚国打韩国，韩国不敌，来打西周。

周天子很上火：我虽然落魄，却也是名义上的天下共主。你们两个"儿子"打架，目无尊长也就罢了。韩王你这损种，打不过你哥，哪有来打你爹的道理？韩王回复："谁让你不借我兵、借我粮？打的就是你，我打不过他，我还打不过你？"

苏代为周天子献计："没有这么欺负人的！我不但能让韩王这怂人不来打你，还能让他把城池进贡给你。"周天子听了将信将疑，说："你不要逗我笑……韩王是有点二，但也没有二到你说的那种程度，你有这本事？"

周天子说得对，常规沟通方法有三种，但都行不通：

　🌀 第一种，义正词严式。"你们这是犯上作乱，还有没有臣子的样子？"韩王会说："哪里冒出来这么个狂人，你这是狗拿耗子多管闲事。来人啊，把他给我乱棍打死！"

　　◎第二种，据理力争式。"谁欺负你，你找谁去！欺负无还手之力的人，算什么英雄？"韩王会说："我今天就要做'狗熊'，我不讲理，你能怎样？"

　　◎第三种，跪地求饶式。"大爷可怜可怜吧，我们表面上是个大地主，但实际上是贫农。再说，这年头地主家也没有余粮啊！"韩王会说："少来这套，瘦死的骆驼比马大！"

　　靠几句话就能罢兵言和、剧情反转？难怪周天子不信。别人也许做不到，但对苏代来说，却不是难事。

　　苏代前往韩国，用反向利益沟通法游说韩王及其相国公仲："你们这次犯了大错！楚国原计划短期内取胜，现在相持不下，已经准备撤兵。可这个节骨眼上，你们竟然向周天子借兵征粮，这不等于告诉楚国，你们已经撑不下去了吗？楚王一旦增兵，万事皆休，在这种关键时刻，千万不能露怯呀！"

　　这样沟通才高明，自己的困难一句话不提，只谈对方的危险，还说得有模有样。韩王一想，还真是这个理，连忙询问："我的话已出口，现在收回来，还来不来得及？"

　　苏代得寸进尺，蹬鼻子上脸："当然来得及！但这样还不是万全之策，你为什么不送一座城给周天子呢？"韩王气坏了："你真当我脑子进水呀？不打他已是很够意思了，我便宜没占到，还要倒贴？"

　　苏代说："这样才能证明你很牛呀！不但可以让楚国一时摸不清你

的实力，主动退兵，而且得到了周天子这样的后盾，以后连秦国都不敢惹你！"

苏代句句不离对方利益，说得到位。韩王彻底懵了："就依先生所言。"我一辈子做事不靠谱，这回终于能做一件靠谱的事了。

几年之后，韩王才回过神来："苏代这货，是不是在骗我？"

后人品味：谈判高手能把"我的损失"变为"你的坏处"

弱势沟通指出：善良不等于怯懦。弱者面对强者欺凌，必须学会反击！用反向利益的沟通法，把你的利益与对方的利益"捆绑"在一起，对方才会投鼠忌器，不敢任意胡来。只要掌握弱势沟通，弱者也能反守为攻，争取生存权利和最基本的公平。

中国古代沟通高手之中，苏代是难得一见的侠士。他与兄长苏秦不同，不贪图高官厚禄，经常罢止刀兵，救民于水火。

史书中记载：苏代一生不但挽救过西周，还曾"止赵王伐燕"，帮助燕国度过难关。而赵国危在旦夕的时候，苏代又是凭借寥寥数语，救了全国老幼妇孺的性命。

长平之战，有"战神"之称的秦将白起，打败了"纸上谈兵"的赵括，随即屠杀数十万降兵，而后欲兴师灭赵。赵孝成王束手无策，关键时刻，又是苏代出现了，几句话"说死"了白起，用的还是反向利益沟通法。

苏代巧使反间计，去见当时权倾朝野的秦相范雎。范雎本人就是说客出身，说服的难度不是一般大。

苏代说："若白起攻下赵国，必定功推第一。您是文官之首，岂能屈居其下？"——**君能为之下乎？** 公司的 CEO 你还要不要做？你以后难道要听命于这个武夫？

一句话激起了范雎的怒火。范雎一辈子做好事，这回却做了天大的坏事，跑到秦王那里进谗言，暗示白起有谋反之心。

结果秦王召回了白起，才发现自己上了反间计的当，当时就后悔了。于是跟白起商量："要不然，将军再去一趟？"

白起说：您这是遛狗呢？这一来一回的还不够折腾，谁爱去谁去！秦王一怒，赐白起自刎。

杀人如麻的白起，死在了苏代的一句话上。

肖阳观点：他人佩宝剑，我有话如刀！

实战场景：如何让心怀敌意的人瞬间举手投降？

前人栽树，后人乘凉。来看一下我们现代人"乘凉"的案例。

我曾经经历过这样一件事：在高校研修班授课时，课间休息，一名女学员过来找我。她面容憔悴，还没开口就眼圈一红，哭出声来。着实吓了我一跳！我的课程常有上百次爆笑场面，有学员戏称：肖老师表面上是来讲课的，实际上是来搞笑的。这回，我怎么把人家给说哭了？

询问得知，女孩子是某大型台资企业的中层干部。离职时按照规定，公司应给予"N + 1"的补偿，共计 12 万元。但由于无意中得罪过顶头上司，上司寻了她一个过失——上班时曾浏览过一次某宝购物网站。这触犯了公司的条例"工作时间不能做与工作无关的事",所以一分钱补偿不给。

女孩子家境并不富裕,原本准备用这笔钱为年迈的老父亲交住院费,老人的病情一天都耽误不得,但现在一切都落空了。她一时又找不到新工作,只能天天以泪洗面。

打工者的艰辛我是深深知道的,对她的遭遇也从心里同情,但我不过是一个靠讲课谋生的小小老师,一无权二无势,又如何能帮她?她向我求助说:"哪怕扣掉一半的补偿,我也没怨言。全部扣除太欺负人了!您是讲管理和沟通的老师,一定有办法……"

简单回绝,问心有愧。如果你是我,怎样才能帮她要回这笔血汗钱呢?

常规有三种做法,都行不通。

第一种:请律师打官司。这是最容易想到的,也有人帮她出过这个主意。但多问几句就发现此路不通。这家公司光是法务部就有很多有律师资质的专业人士。请什么样的律师才能打赢这样的官司?要回的补偿款恐怕还不够律师费呢!成本与收益不匹配。

第二种:赖着不走,让上司闹心。这也是馊主意。别说公司有调岗、降薪等各种手段对付你,单是耽误了自己的大好时光,也是得不偿失的。

第三种:网上曝光,拼个鱼死网破。且不说她本身不无瑕疵,关键是这样做伤害了公司名誉,损了人也未必利己。双方都撕破脸了,再想拿到补偿款岂不是天方夜谭?而此事一旦传扬出去,就连她今后找新的工作也会变得更加困难。

我教给她一句话,12万补偿款一分不少,全部要了回来。如何去说?

女孩子第二天去办离职手续。一进办公室,就发现顶头上司带着律师和人力资源主管，端着一台摄像机在等她，想先声夺人，逼她"认罪"。这时候，怎样辩解都是错的，沟通时人家在进攻，你在防守，而且没有任何反击的利器，防守的一方总归是要吃亏的。最有效的反击就是，转移战场，围魏救赵，声东击西。

女孩子根本不理睬他们，只说想见一下刚刚飞抵北京的老总山姆。此人是集团副总裁，是上司的上司，更是上司的最大靠山。一见面，山姆就很不耐烦："你的事找我也没用，要按公司规定办。"

女孩子请君入瓮："您平时经常对员工说，如果嫌自己工资低，为什么不去跳楼？深圳工厂里面不是有 12 个跳楼的吗？你可以做第 13 个啊！这种话让我们听了很伤心。"山姆见一个小小的员工竟敢来教育自己，不由得大为恼火："是我说的，又能怎么样？你当自己是谁呀？"

要的就是这句话！女孩子第二句话马上跟上，当场搞定。她说："我进修的时候，主讲沟通的是肖阳老师，我与他交流过公司的情况。他觉得某些简单粗暴的沟通方式，扭曲了企业文化，是团队士气低落、业绩下滑的主要原因。最近，学校要召开一个大型管理论坛，他想邀请您出席，探讨一下员工跳楼现象背后的管理沟通问题。最后再把双方的观点整理为文章，在全国各大期刊上发表。请您一定要抽出时间来！"

山姆一身冷汗，眼珠子差点掉到地上。好不容易才爬到今天的位置，自己的话一旦在全国传出去，公司声誉就会雪上加霜，老板很可能将他"就地枪决"。这已经不是女孩子要不要补偿款的问题了，这是自己要不要个人前程的问题。

能爬到这种级别的人都分得清轻重。山姆权衡利弊，瞬间转变了态度:"你是想要 12 万的补偿款吧?一分钱不少,我让他们马上给你。"

不到 3 分钟,情况已经发生了天翻地覆的变化。女孩子后来告诉我,当她去拿补偿款时,顶头上司已经懵了,刚刚被山姆劈头盖脸地臭骂了一顿,却不知道什么原因。事后,有同事偷偷私信女孩子:"你是最近五年离职的人中唯一拿到全额补偿款的,你是不是哪位老总的亲戚?"

女孩子回复了一句话:"没有亲戚。我只是有幸认识了一位讲沟通的老师。"

<u>反向利益法则:威胁只能说,不能做。"只开弓,不放箭"比"鱼死网破,两败俱伤"更高明</u>。

第9计　立场金币

站在对方的立场上，你的话语才有说服力。

前人故事：看似窝窝囊囊的鲁肃，却是难得一见的沟通大师

先贤一句话，胜读十年书。看似简单的沟通，背后却暗藏着一个民族的语言传统。什么是立场金币？

我是从小听袁阔成先生的评书《三国演义》长大的。书中最有趣的人物，就要数那个看似窝窝囊囊的鲁肃。他憨厚而且呆萌，总是在与诸葛孔明的交锋中败下阵来。

刘备借荆州，鲁肃在孔明的劝说下，糊里糊涂做了保人。最可气的是，在孙权面前，他还经常帮竞争对手说好话！看来，鲁肃应该改名叫"深海"或者"峨眉峰"，他"潜伏"得很深啊！按常人理解，这样的人不是卧底就是叛徒。

而孔明遇到鲁肃，更如捡到了"护身符"，无论多么危险，总能大难不死。当初孙刘联军与曹操激战赤壁，周瑜几次要加害孔明，都是在关键时刻被鲁肃搅了局,坏了好事。鲁肃起到了"一般敌人起不到的作用"。评书中,诸葛亮最擅长的就是拿鲁肃"当枪使",鲁肃最擅长的就是替诸葛亮"作嫁衣"。可以说,没有鲁肃这个"活宝",就显不出诸葛亮这个高人。

但史实并非如此。历代学者对鲁肃的评价很高,认为他是东汉末年杰出的战略家、外交家。能得到周瑜临死前向孙权大力推荐,能接替周瑜统领江东千军万马,能让吴蜀减少摩擦,多年相安无事,联合抗魏,鲁肃其实是一个顾全大局、眼光长远的人,正是他的出现,他的沟通妙语,才有了后来的"三分天下"。

大家都知道著名的《隆中对》,诸葛孔明"未出茅庐,已定三分天下",但这也要身为同盟军的孙权配合才行。史料记载:赤壁大战之前,孙权面临着"一边倒"的局面。文臣之首的张昭张子布,提出了投降曹操的三大理由:其一,对方挟天子以令诸侯,我方名不正而言不顺;其二,对方并吞荆州,与我共长江天险,我方失去地利优势;其三,双方兵力不对等,实力实在悬殊。

张昭的发言得到了谋士们的一致赞同,大家纷纷劝孙权:识时务者为俊杰!孙权一言不发,面有惧色。

只有沟通大师鲁肃,在一旁不动声色。趁着孙权起身如厕的机会,他与孙权单独沟通,一句话就推翻了众人的错误意见。用的就是"立场金币"——站在孙权的角度,重新解读这个问题。

"大家都可以投降,就是您不能投降!"鲁肃说,"我这样的官职如果投降,巴结得好,没准能升官。巴结得不太好,也会有个位置。可您是当老大的,若是投降了,让曹操怎么安置您呢?岂不是让他日夜不安的心腹大患？再说了，这样活着跟死了有什么区别？您别听他们瞎嚷嚷，要早定大计！"孙权差点哭出声来："**此诸人持议，甚失孤望；今卿廓开大计，正与孤同！**"什么意思？还是你了解我啊！那些卖主求荣的投降派，往坑里带我！

有人认为，是诸葛亮赶赴江东，用激将法使孙权萌生了抗曹的想法；还有人认为，是周瑜领兵求战的勇气，使孙权坚定了抗曹的决心。但我个人认为，前两个人说的都好，也都不够好，只有鲁肃的话站对了立场，最有说服力，他才是那个真正的沟通大师！

后人品味：站在对方的立场上说话，天下没有说服不了的人

鲁肃能够凭借"一人之力、一己之言"，就扭转江东众谋士的错误意见，促成孙刘联合抗曹的大好局面，他把"立场金币"运用得堪称出神入化，这种沟通水平，我们后人也要叹为观止。不过，鲁肃的方法，说难的确很难，说简单却也十分简单，无非就是现代人所提倡的"换位思考"。

弱势沟通提倡：在沟通中，我们不但要"站在对方的立场上"去考虑问题，更要"站在对方的立场上"去阐述问题，这样才能产生强大的说服力。

与鲁肃一样高明的人，中国历史上有很多。春秋战国时期，就有一个鲜为人知的沟通高手，此人名曰游腾。他用"立场金币"化解了一场险些灭国的灾难。

先讲一下背景：《战国策·周策·西周》中记载，当年强秦派使者带

着百辆战车去访问西周。你没看错，此时的西周虽然名义上还是天下共主，是各诸侯国的"亲爹"，但卧榻之侧有两个膀大腰圆、虎视眈眈的"儿子"，一个是秦国、一个是楚国，都惹不起。

于是，周君命令大批士兵排列成仪仗队，隆重迎接——**周君迎之以卒，甚敬**。好，这事被楚国知道了。楚王这个气啊，责怪周君，说你巴结我时都没这么仔细，你还想不想好了，信不信我兴兵灭了你这个老东西？

怎么办？要是回答得不好，马上就是一场国破家亡的惨剧。这样的沟通难题，我个人思来想去，发现常规的三种沟通方法，都行不通。

第一种方法是矢口否认。就是打死不承认，周君说，我没有隆重招待秦国使者，误会，误会……但楚国肯定有奸细在西周刺探，这事抵赖是没用的。

第二种方法是诉说委屈。你说我这么弱小，哪里敢得罪强秦？我觉得自己没做错，还能有更好的方法吗？我这也是迫不得已呀！楚王会说，我"不要你觉得，只要我觉得"，你知不知道还有这样一句话，"黎叔很生气，后果很严重"？

第三种方法是直接道歉。既然打不过，那就跟人家说客气话，周君说，我错了，你原谅我，我下次再也不敢了。不过，这样说也太丢脸了吧，作为君主，还有没有一点做人的底线？

见大家都举棋不定，这时候，西周的沟通高手游腾站出来了。他对众臣子说，你们说话都没站对立场，说得再多，也全是废话。要从楚王的角度去考虑问题。

游腾面见楚王，巧用"立场金币"劝说："您不要因此事而生气，我们实际上是为您考虑……"楚王一下子就糊涂了：怎么是为我？

游腾接着说明自己的理由:"今秦者,虎狼之国也,兼有吞周之意。"什么意思?秦国让使者带着战车前来,谁知道他们安的是什么心?没准是要吞并我们。所以我们采用了"名卫实囚"的方法——表面上是保卫秦国的使者,实际上是用重兵来囚禁和监控他们。

站在楚王的立场上,游腾这话的说服力瞬间爆棚,他接着总结陈词:西周是楚国的"屏障",也是秦楚之间的"缓冲地带",我们一旦被攻破,楚国也就危险了,西周不能不为您分忧啊!——(周)恐一日之亡国,而忧大王。

瞧瞧人家游腾,这话说得多么高明!事情做错了都没关系,只要话说对了就行。结果是什么?楚王乃悦。游腾的一番话,把楚王说得心花怒放,只能点头认同。

沟通时,只要站在对方的立场上,天下没有说服不了的人。

实战场景:如何劝说情绪失控的亲朋好友?

前人栽树,后人乘凉。来看一下我们现代人"乘凉"的案例。

不少女孩子都有几位从小一起长大、形影不离的闺蜜。但这种友情,有时候相当脆弱,不会"立场金币"的沟通法,往往一句话就可以把"铁瓷"变成"塑料"。

比如:闺蜜失恋了,向你诉说男友如何薄情,如何良心被狗吃了。假如你劝说时站错了立场:"都这个岁数,就不要再挑三拣四了!我觉得你男朋友人不错,你还想找什么样的呀?"

说话偏向外人,无异于火上浇油,越劝越生气!闺蜜大为恼火:"你看他好，我把他让给你，行不行？"你说："我哪能看上这种水平的男人？他这样的也就是配你还可以。"闺蜜眼望苍天，口吐鲜血：老天啊！你怎么让我遇上这样的朋友？你为什么还不把她收了去？

再来看一个案例，如何让脾气火爆的人瞬间自我说服？

生活中，有种情况相当常见，比如：你的一位朋友性情刚烈、脾气火爆，这一天他怒不可遏，在你面前扬言，要杀掉"万分可恶"的张老三，此时，你应该怎么劝？

如果不会"立场金币"的沟通法，你的劝说会适得其反。你说："张老三就算有天大的不是，也不能杀他呀？这不是以身试法吗？反正我不允许你去，你要杀他，先杀了我！"朋友说："今天谁也别拦着我，否则别怪我翻脸不认人！"

你见强势沟通没有效果，一把抱住朋友，死死拽住他的腿，把他的裤子扯了下来，朋友一拳把你打倒在地。最终结果是，张老三安然无恙，你和朋友遍体鳞伤，他还光着屁股。

换成弱势沟通就没有问题了，首先要站对立场。

你说："张老三竟敢欺负我朋友？他这是找死！"第一句话就让朋友暖心，表明大家是自己人，站在一致对外的立场上，下面的劝说才会有效。

"不过我们要细细筹划一下，不能盲目行动。"你说，"可能要分四步。第一要准备武器，这小子挺壮，空手去我们未必打得过他；第二要踩点，摸清他日常的行动规律；第三要准备好逃跑路线和逃难经费；第四，我们是否该跟家人告别一下？要做好与家人长期断绝联系的准备……"

心理学指出：盛怒之人，越是当场劝阻，往往越会失去理智。当你与他跳过分歧，开始商量细节时，这通常需要理智与逻辑，会压制住暴躁的情感。在商量细节的过程中，他自己就会冷静下来。

果然，朋友越想越觉得麻烦，自动改变了主意："我怎么突然觉得，张老三也没那么可恶了。要不，这次我们先饶过他？"

<u>立场金币法则：先讲感情，后讲道理。</u>不能做"站着说话不腰疼"的旁观者，而要做"感同身受"的局中人。

第四章

弱势沟通是亲如手足的关爱

第 10 计　情重于理

对中国人，能讲"感情"的时候就不要讲"道理"。

前人故事：说错一句话，华元成为史上最窝囊的将领

先贤一句话，胜读十年书。看似简单的沟通，背后却暗藏着一个民族的语言传统。什么是情重于理？

只讲道理，不讲感情的人，常常会有飞来横祸！看一下古代职场案例。春秋时期的宋国名将华元"创造"了一个成语——各自为政，这背后却是一个令人叹息的沟通故事。

当年宋、楚两国交战。华元为了激励士气，杀了许多羊做成羹分给士兵吃。古时的羊肉很值钱，所以不能人人有份。这时有人提醒华元，你的车夫还没分到羊肉羹呢！华元不讲感情，只讲道理：持戈杀敌的士兵当然要优先保证吃到肉，不拿刀枪的车夫，吃不吃肉又有什么关系呢？

此话也不无道理，但是千万不能这么说！过于理智，没有半点人情味。中国人受得了这种说话方式吗？车夫一听，得嘞，您老一会儿就瞧好

吧！两军对垒，还没等开战，车夫就驾着马车，把华元拉到楚军阵营里去了，华元身边除了车夫，一个人都没有。

楚军一下子就懵了，这二位难道是宋国派出的"人肉炸弹"？这是不想活了呀！从没见过这么打仗的，太刺激了吧！华元眼看要被活捉，也懵了，连忙对车夫喊："走错道儿了！怎么就咱俩上来了？"

车夫回了一句话："畴昔之羊，子为政，今日之事，我为政。"就是刚才分羊肉羹那件事，你说了算；现在向不向楚军冲锋这件事，我说了算。咱哥俩一块儿死吧！

最终，华元好端端一员上将被楚军生擒。这就是成语"各自为政"的来历。华元在职场上，不知"情重于理"，树立了"凭实力让自己倒霉"的行业标准。各位管理者，你难道也想让下属给你来一次"各自为政"吗？

后人品味：人可以被感情打动，但很少被道理说服

情理，情理，对中国人来说："情"常常是要排在"理"之前的。华元的悲剧来自他只知"讲理"而不知"讲情"，看来，他这样的名将也没明智到哪里去。与之相反，古时与孙子齐名的大军事家吴起，才是真正的名将。他是一位"讲情"的高手，据说，不管什么样的兵，到了他手下，马上会成为无敌精兵。

史书记载：吴起为士兵吸腿上的脓。士兵的母亲听闻此事，不禁痛哭失声。邻居来劝："老太太，你这是感动了吧？"老太太说："你们有所不知，孩子他爹原来也是吴将军的部属，吴将军为他做过类似的事。结果他爹上阵拼死不退，死在战场上了……现在又给我儿子吸脓？我家这是要绝后啊！"

古人曰：国士遇我，我故国士报之。也许每一个普通人心中，都藏着舍生取义的梦想。士兵被吴起感动，死又何妨？

古人的故事对我们现代人有什么启示？弱势沟通指出：把感情讲清楚，往往就不需要讲道理。

来看一下我身边的案例。我一位朋友天生就是沟通高手，他学历低、收入低、形象差（比肖老师长得还惨），属于标准的矮穷丑。按理说，这样的人在家中没有什么地位。但恰恰相反，他老婆虽是个高富美，却每次都被他糊弄得服服帖帖。

他的沟通绝招就是情重于理。每次吵架，从不与老婆"讲理"。老婆骂他："一天到晚就知道打游戏！孩子上学你不接送，孩子作业你不监督，连孩子的学费你都交不起……要你这样的老公有什么用？"

朋友一言不发，把老婆"扑通"一声顶在墙上，抱着就亲。

亲第一下，老婆大喊大叫："干什么？你个臭流氓！"

亲第二下，老婆声音明显弱了下来："干什么？你个臭流氓。"

亲第三下，老婆气若游丝："干什么，你个臭流氓……你愿意干什么，就干什么吧。"

老婆抱怨，背后的潜台词无非是"你不爱我"。既然能用行动表达感情，那还讲什么道理呢？

实战场景：说什么话，下属会觉得你不近人情？

前人栽树，后人乘凉。来看一下我们现代人"乘凉"的案例。

职场上，为什么有时上下级之间冲突不断，甚至势同水火？这可能是因为受到了西方沟通思维的影响，有分歧时"只讲道理而不讲感情"。

现实中，哪会总出现一方100%有理，而另一方100%无理的情况呢？往往是上级有上级的道理，员工有员工的道理。双方只想自己的理，而不肯替对方考虑，导致分歧加剧。争执到最后，员工虽然胳膊扭不过大腿，勉为其难地执行，但这样的执行有时候还不如不执行。

比如：项目还没结束，员工就提出辞职，上级与他讲道理："你这不是要我好看吗？时间这么仓促，让我到哪里找人来替代你？公司的损失谁来负责？你现在辞职可以，离职补偿你一分钱也别想拿走……"

"道理"是讲清楚了，但矛盾也激化了。有脾气的员工会与你法庭上见，没脾气的员工也会暗怀不满。即使无奈留下来，但在后续的工作中埋下几个BUG，添一些让人头疼的麻烦，恐怕也是大概率事件。

道理讲得好，结果却未必好。员工是人，不能把他看成一台机器。不是输入一条指令，他就会不折不扣地执行。西方管理的沟通方式对西方人管用，对中国人有时却不行。你的话是在"抢心灵金币"，还是在"送心灵金币"？是在鼓舞士气，还是在打击士气？这直接决定了员工工作效率的高低。

弱势沟通讲究"情重于理"，能讲感情的时候就不要讲道理，看似"不争"而胜于"争"。想改变一个人的行为，首先要触动他的心灵。

那么，遇到员工"不负责任"的辞职，应该怎么沟通呢？

员工辞职问题很好解决，咄咄逼人反而会激化矛盾。我见过深谙中国沟通文化的顶尖高手，他们是这样处理的：

头半句就撇开"道理"不讲，先谈上下级之间的感情："你辞职，我有责任。看来，我这么多年是没有用好你呀，没发挥出你最大的潜力……"这话听了谁不感动？本来是给公司添了麻烦，但上级只责怪自己而不责怪你，这样重情重意的领导到哪找去？人心都是肉长的，中国人本性善良，性格刚毅。不怕硬，不畏强权，但最怕别人的好言好语。但凡正常人，都受不得这种掏心掏肺的"刺激"！

后半句更要情重于理，把自己摆在弱势地位上，而不要炫耀作为上级的强势："你有更好的去处，我真为你高兴，证明当初没有看错你……后续工作不用担心，同事们会尽力。如果将来你还愿意回来，我们热烈欢迎！"

听了这席话，员工会怎么办？恐怕只会把未完成的工作尽心尽力地完成！谁也不是铁石心肠，谁又能无动于衷？有人会当场打消辞职念头；有人即便辞职，也会多留一段时间，用心完成收尾工作，甚至一分报酬不要。你的言语让他感动，他的行为必然让你感动！

"为你高兴""不用担心""热烈欢迎"这样的词汇，都在暗中体现情谊，是典型的弱势沟通。相信我，那种在战场上说"你们先撤，我在这里顶着"的将领，他手下的士兵也决不会贪生怕死、临阵脱逃！

<u>情重于理法则：中国俗语说，"谁也不是吓大的"；俗语又说，"人心都是肉长的"。</u>

应用练习：人人都可以成为情重于理的应用高手

不练习等于没学习！情重于理在生活中无处不在。训练两次就能熟练掌握。

练习1：如何化解停车矛盾？

假如在停车场，你好不容易才找到一个车位。刚停好车，旁边车上下来一个怒气冲冲的彪形大汉。他说："你没看见我在旁边已经等了十几分钟了吗？这是我要停的车位，你马上给我让出来！"

想找死，可以这样和对方"讲理"："停车场是你们家开的呀？你说让我就让？你脑门儿上也没写着字，我怎么知道你要停在这里？回驾校再学几年吧，谁让你动作这么慢！"

道理很充分！几句话分别说出了"你态度很嚣张，但我不怕""先到先得，自古天经地义""这事怨不得我，只能怨你自己"的三层含义。估计连你都要佩服自己，这口才、这反应、这逻辑，比电视上那些辩论选手水平都高啊！

见你这样说话，大汉很是意外："咦，哪里来的鸟人？难道是特地来消遣洒家不成，先吃我一记醋钵儿大小的拳头！"

书中暗表：鲁提辖这一拳正打到那镇关西的鼻子上，却便似开了个油酱铺，咸的、酸的、辣的一发都滚出来……

对不起，写串了！我只是想请大家想象一下接下来的场景。

那应该怎么说？讲感情呗！"真对不起！我刚才以为您在旁边等人呢。等这么长时间，却被抢了车位，换成谁都要生气！您放心，我马上就让。我的技术不太好，您稍微闪开一点，别碰到您……"

见你如此客气，说话又如此有诚意，大汉也有些不好意思，挠挠头暗想："这厮却也并非有意为难洒家，倒会说两句人话，且饶过他一回。"

他对你说:"算了,别麻烦了!你找车位也不容易,我另找就是。"

练习2:如何让人为你的老母亲让座?

公交车上人挤人,像沙丁鱼罐头。你和老母亲站立不稳,险些摔倒。这时候,你看到旁边坐着一个小伙子,戴着耳机闭着眼在听音乐,你上前请他让座。

想当场打起来,我劝你这样和对方"讲理":"你没看见我母亲站都站不住吗?年轻人要有点公德心,要弘扬正气!请你马上让座……她要是摔倒了,你良心过得去吗?你也有老的一天!"

这话说得太好了!有大义凛然押着对方上刑场的味道,把自己的利益与社会和谐、国家兴衰结合在一起。讲道理,"上纲上线"是有些人惯用的伎俩,逼对方自我检讨——"我怎么这么不是人呢?"但一味指责别人,还能让对方心悦诚服?我见识少,这样的事在现实中真的没遇到过。

张口就"抢心灵金币"!对方从头到脚都会不舒服,就像吃了什么不好消化的东西。这是道德绑架呀!凭什么你的快乐要建立在我的痛苦之上?可惜的是,把自己的利益看得至高无上,把他人的利益视为粪土,这种精致利己主义在现今社会中往往却大行其道。

在我的家乡东北,民风彪悍,你这样说话明显是"叫板",对方会说:"怎么着,哥们儿?练一下?求人是这个态度?信不信我削你?"

那应该怎么说?讲感情呗!"能不能请您为我母亲让个座?我看您也很累,本来不想打扰,但现在真没办法了……多谢您啊!"那么多废话,哪有那么多大道理?好好说话就是了,你体谅对方,对方能不体谅你吗?

知道感恩的人,才有可能得到别人的帮助!

彩蛋：中西方的沟通思维差异

讲一个笑话来说明问题：一名军官等火车时想抽烟，向身旁的一个老兵借火。老兵懒洋洋地在身上摸索着，说："你等一等，我找一下……"军官大为恼火："你这是对长官说话的样子吗？还懂不懂规矩？"

老兵马上不找了，"啪"的一声原地立正，神色凝重，站姿标准："报告长官，没有打火机！"

这就是思维差异！军官用的是西方人的沟通思维，喜欢"讲理"；老兵用的是中国人的沟通思维，喜欢"讲情"。有些人就像这军官，总爱摆出居高临下的架势，颐指气使，别人上辈子欠你不成？

西方人认为，"有理"走遍天下。中国人却说，"无礼"寸步难行！想要说服对方？跟中国人要讲感情，不必长篇大论地讲道理。

第 11 计　批事夸人

让人反感的不是批评本身，而是话语中的人格贬低和人身攻击。

前人故事：说错一句话，宋闵公成为史上最倒霉的国君

先贤一句话，胜读十年书。看似简单的沟通，背后却暗藏着一个民族的语言传统。什么是批事夸人？

下属犯错时，上级既批评事又批评人，往往会祸起萧墙，古人早有前车之鉴。春秋时期有个宋国的君主叫宋闵公，手下有一员大将，名曰南宫长万。此人勇猛无比，力能举鼎。有人认为，即使与后世的项羽和吕布相比，他也是毫不逊色。

但南宫长万有一次却打了败仗，被鲁国抓住了。宋闵公再三求情，鲁国才将其释放。宋闵公觉得自己一向很关照南宫长万，关键时刻又对他有救命之恩，所以平时和南宫长万说话就不太注意，没想到因此倒了大霉。

公元前 683 年，宋闵公与南宫长万一起出外狩猎。南宫长万是个直性子，打到猎物就说：这是我打的。宋闵公反驳：这是我打的。两人争执起来。南宫长万说：你虽然是当领导的，也不能不讲理呀！

宋闵公开始教育下属："有你这样跟领导说话的吗？（此处省略3000字）"把人家批评得体无完肤。说完就行了呗，最后他还追加了一句话来贬低南宫长万的人格，打算活活气死对方——"我原来尊重你，是因为你天下无敌。但是你当过鲁国的俘虏，我以后再也不尊重你了"。

最后这句话"画龙点睛"，这是生怕自己死得不够惨啊！宋闵公一言就让南宫长万"生无可恋"。敲黑板：不是所有下属都受得了刺激！南宫长万决定起兵谋反。

前面说过，南宫长万是天下最勇猛的人，他谋反很容易。宋闵公糊里糊涂就被剁成肉酱，南宫长万另立公子游为国君，宋国从此国无宁日。群臣最后找了个机会，把南宫长万灌得大醉，也把他剁成肉酱。你看看，一句话没说好，宋国出现了两摊肉酱，阎王爷面前多了一对君臣。

在那种乱世，如果你一直既批评事又批评人，竟然还活着，那你着实应该感激下属的"不杀之恩"！

后人品味：没有不肯改错的下属，只有不会沟通的上级

在我多年的企业管理咨询过程中，经常会有学员问这样一个问题：批评下属的时候，如何才能让他心悦诚服地接受？我个人的体会是，没有不肯改错的下属，只有不会沟通的上级。有些上级批评下属，往往既批评事又批评人，这犯了沟通的大忌。

批评下属的时候，最能体现上级的管理水平和沟通水平。比如：下属

迟到了。有人会说："所有人都是 9 点到，只有你 10 点到，迟到整整一个小时……你一贯就是懒散成性，能干不能干？不能干给我滚！"

前一句是批评事，后一句是批评人！前后两句话是在连续抢下属的"心灵金币"，这只会激发对方内心的反感，对你的批评产生本能的抗拒，不但达不到让其改正错误的初衷，往往还会适得其反——下属索性破罐子破摔。

批评时别忘了送人"心灵金币"。弱势沟通讲究批事夸人，应该这样说："所有人都是 9 点到，只有你 10 点到，迟到整整一个小时……"把"你一贯就是懒散成性……"改为"你一贯都是员工中最有潜力的人，我很看好你，怎么这次让我这么失望？"。

听了这样的话，下属会有什么感受？当然是充满惭愧与自责，无地自容！不用你说，他都会洗心革面，痛改前非。只有"爱之深"，方可"责之切"。真正让下属改变的不是你的批评，而是批评背后体现出的善意。

"批事夸人"是一种看似再简单不过的沟通方法，背后却能体现现代企业管理者，在管理思维和管理方式方面的深刻改变。

原因之一：现在的员工不是过去的员工

我属于 70 后，当初我们这一代人在职场上信奉一句话——"拼命加班"，为给孩子多换点奶粉钱。现在的员工是 90 后、00 后，他们中有人也信奉一句话——"拼命不加班"，躺平才是最快乐的。

网上有这样一个笑话，领导给 90 后打电话："最近工作比较忙，你周末过来加个班吧！" 90 后怎么回答？"领导，最近北京交通很拥堵，你也是知道的，我晚一点来，可不可以？"领导说："可以，你什么时候来？"

90后说："我周一来吧！"

别说加班，对于某些宅男来讲，起床都要费尽"洪荒之力"，是一件相当"艰苦卓绝"的事。

传说有年轻人起床时都要抛硬币，硬币是正面朝上起床还是反面朝上起床？都不是，要是竖着立住就起床。还有人为了决定第二天是否早起，前一天晚上就要抛硬币决定，打算连抛6个硬币，要是都正面朝上就早起……后来想一想，还是不要冒这个险了！

宅男的人生理想是什么？四句话概括，"面朝大海，春暖花开，有宽带，可以叫外卖"。

不少职场上管理者都有这样的疑惑：为什么新生代员工不好管理？不是不好管理，而是应该用与时俱进的方式去管理。他们是中国几十年改革开放的最大受益者，物质条件是上一代人无法比拟的，所以他们也大多不肯"为五斗米折腰"。他们更关注心灵感受，而不仅仅是物质待遇。你还在用过时的说话方式与他们沟通吗？

原因之二：物质激励比不上心灵激励

许多企业过去拼命学习绩效考核、股权激励等内容，在方向上其实是搞反了。对于新生代员工来说，他们更看重心灵激励而非物质激励。想走入他们的内心，掌握三个名词就可以。"批事夸人"是一种心灵激励，简单讲，就是要像对待"情人"那样对待下属。

第一个名词：亲密关系

情人间为什么亲密？就是因为互相赞美，从不谈对方缺点。见过另类的名词解释——什么是幼稚？幼稚是既憋不住尿，又憋不住话，小孩子白天讲话哇啦哇啦，晚上回家尿床了；什么是年轻？年轻是憋得住尿，但憋不住话。见什么说什么；什么是成熟？成熟是既能憋得住尿又能憋得住话；什么是衰老？衰老是能憋得住话，但憋不住尿了……

批事批人是年轻，批事夸人才是成熟。课堂上，我对学员说：你可以不知道下属的缺点，但一定要知道下属的优点。

第二个名词：默契关系

我老家东北有个故事，有一天，中学班主任老师课堂上突然不讲课了，一挥手："那个谁，到那个哪，把那个啥给我拿回来！"只见坐在前排的班长马上一跃而起，到教研室把大家的考试卷子拿回来了，还真拿对了！

事后这个班长被同学们评为……骨灰级走狗。

这当然是玩笑，但道理是相通的。批事夸人，首先要做到理解对方，作为老板，最好能知道年轻员工的爱好和兴趣，这样他们才觉得与你有默契。

第三个名词：信任关系

信任可以降低交易成本。交易这个词看起来有些冰冷，实际上却是市场经济的核心。站在市场经济的角度看，人世间只有三种关系：第一种，你帮助我，我帮助你，这是交易关系；第二种，你帮助我，我不帮助你，这是欺骗关系；第三种，你我不认识，没有交集，这是不发生关系。什么关系最持久、最公平？就是交易关系。

交易中最重要的原则，是"你怎么对我，我就怎么对你"。讲个笑话，有一群年轻人经常去咖啡馆捣乱，拍桌子摔杯子，找碴训斥服务员。服务员总是逆来顺受，从来也不生气。终于有一天，几个坏小子良心发现，给了服务员一笔小费，说：你这人太好了，我们以后再也不捉弄你了。服务员怎么说？"你们不捉弄我，那就太好了，我以后再也不用往你们的咖啡里……倒鞋油了"

信任两字是相互的。孟子曰："**君之视臣如手足，则臣视君如腹心；君之视臣如犬马，则臣视君如国人；君之视臣如土芥，则臣视君如寇仇。**"作为管理者，你不是皇帝，你的下属也并非臣子或奴才，你怎么能学一身昏君的坏毛病呢？

实战场景：说什么话，下属会对你心生怨恨？

前人栽树，后人乘凉。来看一下我们现代人"乘凉"的案例。

先来看一个反面的案例。"批事又批人"不够善意，往往会两败俱伤，这样的例子不胜枚举。前些年有一个比较火的电视连续剧叫《我的前半生》，里面有一位职场女强人，名叫唐晶，是女主角的闺蜜。

唐晶此人，能力非常强，好几家公司抢着要她。她到了一家新公司后犯了一个致命错误——和下属说了一句批事又批人的话，最后导致自己身败名裂。这句话是怎么说的呢？

当时，唐晶开除了一个叫凌玲的经理，凌玲的下属过来拍唐晶的马屁，说原来上司的坏话。唐晶对此非常反感。虽然疾恶如仇是对的，但只批评这件事就可以了，她偏偏要批人："凌玲怎么有你这样的白眼狼下属？我最烦的就是你这种当墙头草的人！"这话一说，这个下属"尴尬癌"当场就犯了，不知如何接话才好。

在唐晶看来，你的上司我都不放在眼里，你在我看来不更是小菜一碟？再小的人物，也有自尊心。凌玲的下属羞愧地离去，走了之后，这事儿能完吗？当然没完！后来唐晶在做项目的时候，这个人故意把内部机密资料泄漏出去，在行业内引发轩然大波。

最后人人以为唐晶里通外国，她百口莫辩，直接导致其好友、公司CEO引咎辞职，把自己和朋友都害了。泄露机密的员工最终当然受到了惩罚，但唐晶的结局却让人扼腕叹息。究其原因，唐晶常年在外企工作，耳濡目染之下，说话像西方人一样直来直去。她自己觉得没什么，可这是在中国，你怎么能丝毫不顾及别人的感受呢？不要忘记老祖宗的那句话——水能载舟，亦能覆舟。

那么，怎么样用中国人能接受的方式，来督促下属主动改正错误呢？

在中国职场中要注意，任何情况下都不要伤害对方的自尊心。弱势沟通所有的技巧背后，都有一个共同的原理，只能"送心灵金币"，而不能"抢心灵金币"。

敲黑板：提出批评与表达善意并不矛盾。当你真心关爱下属的时候，对方也一定会深切感受到。其实唐晶的案例中，她完全没必要激化矛盾，一句中国式的弱势沟通就能皆大欢喜。如果用"批事夸人"，唐晶该怎么说？聪明的你一定知道，首先，"非议以前的上司是不对的"，先批评对方事情做错了，再提出期望，"你是公司的老员工，在能力上也有过人之处。像你这么聪明的人，我相信以后不会再犯类似的错误"。

职场中谁能不犯错呢？谁不想改正自己缺点呢？善待他人，就是善待自己！

批事夸人法则：对待犯错的下属，既该疾恶如仇，又要慈悲宽容。

彩蛋："批事批人"是棒杀，"夸事夸人"是捧杀，都不好

曾有学员问我，既然"批事批人"是强势沟通，容易"不得善终"。那么"夸事夸人"不就皆大欢喜了吗？当然不行！因为这样做也会有很大的危险。弱势沟通讲究言语的尺度与分寸。

这一点，雍正皇帝不懂，所以一句话"害死"了大将年羹尧。年羹尧当年从西北边陲凯旋，雍正却犯了沟通的大忌，既夸事又夸人。圣旨前一句夸奖年羹尧战功卓著，是在夸事；后一句夸人，竟然说"你真是朕的恩人"。

自古以来，从没有一个皇帝敢说这样的话！雍正夸事夸人，结果怎么样？年羹尧从此得意忘形，狂得没边儿了，把自己直接等同于皇帝，王公大臣见到他都要跪拜。后来雍正把他连降十八级，再后来只能一杀了之。

这是典型的"捧杀"。

批事夸人，既不"棒杀"也不"捧杀"。

第 12 计　直言有讳

为尊者讳，为长者讳，为弱者讳，是沟通中起码的道德。

前人故事：揭人短处，狂妄自大，齐国大夫夷射死得不冤

先贤一句话，胜读十年书。看似简单的沟通，背后却暗藏着一个民族的语言传统。什么是"直言有讳"？

《韩非子·内储说》中记载了这样一个故事。齐国的重臣中大夫夷射，有一次齐王请他喝酒，夷射大醉之下跑到门口透气。

守门人是个受刑被砍了脚的囚徒，见状上前讨好："席上有很多美味吧，能不能分一点吃剩下的东西给我？"夷射狂笑不止，直言不讳："你一个下等人，又是被砍了脚的囚徒，怎么敢向我要酒肉？给狗吃都不会给你吃！"守门人没言语，等夷射离开之后，找来一些水泼到了门口。

齐王出门看到水渍，勃然大怒："谁在我门口撒尿？"守门人叩首禀报："我虽然没看见是谁，但是昨天只有中大夫夷射在这里站过一会儿，是不是他尿的不知道……"齐王当时就急了："不是他尿的，不是你尿的，难道是我尿的？"

此处场景可以想象一下，平时道貌岸然的齐王脱了裤子，吹着口哨，对着自家门口尿尿？这也不太现实啊！夷射的罪名算是坐实了，肯定是这小子把王宫当成了茅房！

次日夷射入狱，官员审问他时，只有一句话："昨天是不是你在门口尿的？"夷射说："我喝多了记不清，但我也是有文化的人，不至于干这样没文化的事吧？"官员说："大胆狂徒！竟敢不承认！来人呀，把他给我打尿了……"

齐王怒杀夷射。好好的一个大臣，就死在自己这张嘴上。

"直言不讳"？算你狠！早晚会遇到比你还狠的人。

后人品味：你以为的实话，有时候只是一种偏见

为什么不能太过直言不讳，以至于伤害别人的自尊心？打个比方，即使你知道衣服底下的人体结构都一样，也不能光着屁股当众给人看，是不是？人同此心，情同此理。用语言"扒光"别人的衣服，难道是一件很有道德的事吗？

网上有句话流传很广：小孩子才分对错，成年人只看利弊。沟通中也是如此，你把自己认为对的话说出来之前，有没有看清背后的利弊？更何况，你认为对的也未必真的对。而你认为的"实话"，有时候只是一种偏见。

比如，一个年轻人穷困潦倒，你能"直言不讳"地说他一定没出息吗？也许多年以后他能成为首富。莫欺少年穷，是中国的古训。再如，有

病人得了绝症，你能"直言不讳"地说完全没希望吗？医学在进步，科技在发展，你若是说他明天就死，他家里人今天就和你拼命。

职场上更是如此，只看人缺点的"直言不讳"，会挫伤员工的士气。

比如：员工提出建议，里边有不完善的地方，有的上级会直言不讳地批评："你有没有脑子？怎么出了这么个馊主意？这种方案有可行性吗？你要是看不起我，我的位置让你来坐！真是站着说话不腰疼……"建议中合理的地方他不关注，甚至不考虑员工热心进言的良好初衷，一味打压员工。

直言不讳和"直言有讳"相比，就在于多说了一句不该说的话。为何要画蛇添足呢？只谈优点就好了，揪住人家缺点不放，那是一叶障目，不见泰山。对下属的优点"直言"，对下属的缺点"有讳"，这才是沟通中应有的善意。

同样是面对下属不完善的建议，沟通高手会这样说："这个想法很有启发啊！看来你是认真思考过的。我认为方案的优点有以下几个方面，其一……其二……其三……"

那么，不完善的地方怎么办？不需要你说，下属会主动检讨："我总觉得还有不周全的地方，您能不能给一些指点啊？"这时候，你再与他讨论如何改进，岂不更好？有些上级不想着如何解决问题，每次都将下属骂得落荒而逃，让人家以后见到你时都躲得远远的，像见了鬼一样。

肖老师提问：你"直言不讳"时，真的那么愉快吗？

总结一下，弱势沟通的好处在哪里？能激发团队士气，而非打击团队士气。而那些不思进取，不敢创新，"多做多错，不做不错"，"厚黑"文化流行的团队，背后往往都有一个经常"直言不讳"的强势领导。

直言有讳法则：越是地位更高、更强势的人，越要弱势沟通。对下属的优点"直言"，对下属的缺点"有讳"。

实战场景：说什么话，下属会与你不共戴天？

不是什么事都可以拿来开玩笑的，尤其是别人忌讳的地方。一位学员就犯过这样的错误。

他是位小企业老板，总爱嘲笑自己的司机小张个子太矮："我不敢和你一起打篮球……"小张问为什么，学员说："因为打球时，你后脑海总撞我膝盖！你跳起来，没准能把我裤衩拽下来。"

我屡次劝这位学员别这样说话，没必要无端结怨。学员却说这是不见外的表示，公司里的人都知道，老板开谁的玩笑，就代表谁是自己人。

一次，学员请下属吃饭，又编故事调侃小张："小张邻居家有个小姑娘，第一次上飞机就特别兴奋。她说：妈妈、妈妈，你看飞机起飞了！地上的人多小啊，跟小张叔叔似的……妈妈一看就笑了：你可真是个傻孩子！飞机还没起飞呢，你看到的……就是小张叔叔。"

下属哄堂大笑，唯有小张在一旁一声不吭。

不久之后，学员坐小张开的车去外地谈业务，不幸出了车祸。学员扭伤了腰，在病床上足足躺了三个月，动一下就会痛苦不堪。而驾车的小张事后马上辞职，不知去向。我愿意相信这是一场单纯的意外，也为两人的死里逃生感到庆幸。但从此以后，这位学员对别人说话时明显客气了许多，再也不与别人随意开玩笑了。

彩蛋：直言不讳有时等同于当面骂人

生活中有这样的例子：一位中年妇女去商场买衣服，售货员马上迎上去："大姐，您别在这儿逛了。您太胖了，我们这里没您能穿的衣服。"

女人一听，大早上起来就有人议论我身材？脸色不好看了。售货员一看家不高兴了，马上解释："不过人老了还是胖一点可爱。"女人一听，还说我又老又胖？没王法了："你们店长呢？给我出来！"

店长马上出来了："对不起，对不起！您看我们这个售货员是乡下来的，不会说话。她就一个优点，说话特别直爽，从来不撒谎！"

许多人经常说："我说话不好听，你别介意！"知道自己说话不好听还不改改，是要故意气人吗？有些人不分场合、时机、对象，总是直言不讳口无遮拦，以为这是心直口快。这看上去只是沟通中不起眼的小毛病，但实际上最是害人害己。

生活中，"实话实说"的人总是惹人反感。我老家东北有个故事：一个女孩子去相亲，样样都好，男孩子看了很喜欢。

临分别时，女孩说："你不要觉得我好，我这人有个缺点，就是说话特别直。比如，我认为像你这样身高不到1米7的，都是'二等残疾'。这种说话方式你能接受吗？"

男孩子想了一会儿说："说话直没关系，看你能不能禁得起揍吧。"

还有个故事：幼儿园一名年轻女教师，在黑板上画了个苹果。问孩子们，像还是不像啊？

孩子们童言无忌，不像！不像！不像苹果，像个屁股！女教师当场就哭了。

园长闻讯赶来，勃然大怒："你们这些孩子太没礼貌！怎么把老师给气哭了？"一看黑板，园长更生气了："这是谁呀？还在黑板上画了个屁股？"

还能有谁？园长，您说话以前，过过脑子好不好？

笑话不多，再讲一个。在课堂上，学员们经常集体提议："肖老师，今天不讲课了好不好？只讲笑话就行。"不行！肖老师是"卖知识的"，讲笑话只是顺带的，心疼大家学习辛苦。

小时候听大人讲过傻女婿的故事。说有一个傻女婿，说话时不经大脑，想什么说什么。

老婆带他去别人家喝满月酒，大家都祝孩子长命百岁。只有他说："这孩子将来早晚得死！"人哪有不死的？这是实话，但把所有人都气得直翻白眼。

岳父过生日，老婆特意提前叮嘱：千万别说傻话！他答应了，在寿宴上干脆一言不发。岳父很是高兴，结束时亲自送出门来，还夸他："谁说我的女婿傻！"女婿听了也很得意，转身对老婆说："这回我什么也没说吧？你爹要是明天死了，可别怪我！"

不用等明天，他岳父当场就差点气昏。

笑话可能有些夸张，但那些总是口无遮拦、自诩心直口快的人，可以想一想，你和这位傻女婿，有没有相似之处？

第 13 计　转移抱怨

批评即将结束时，必须追加一句表达善意的话。

前人故事：以力服人，压而不服，智瑶功败垂成

先贤一句话，胜读十年书。看似简单的沟通，背后却暗藏着一个民族的语言传统。什么是转移抱怨？

三家分晋是中国历史的重要转折点、战国时期的开端。晋国从此一分为三，分裂成了韩、赵、魏三国。熟悉中国历史的人都知道，其实原本是"四家分晋"，比韩赵魏三家势力更大的，是智家。

智家的掌门人智瑶，据《资治通鉴》记载，堪称中国古代难得一见的"高富帅"：其一，"美鬓长大则贤"，就是颜值高。其二，"射御足力则贤"，就是孔武有力。其三……不说了，反正就是非常贤，特别"咸"，特别下饭。

只有一个缺点：此人说话比较损，不会正面激励，只会负面刺激，总想仗势欺人。智瑶一上任，就恃强凌弱，向韩、赵、魏三家索要土地。韩

家的韩康子忍气吞声，给了土地。魏家的魏桓子，也给了地。唯独赵家的赵襄子有骨气，宁死不屈。所以，智瑶就率领韩、魏两家兴兵攻赵。

赵军不敌，退守晋阳。三家引晋水灌城，城内锅碗瓢盆都飘起来了，这城肯定是守不住了。本来你好好地把这件事做完就算大功告成，结果，智瑶在最后时刻说错了几句话，直接断送了自己的性命。这话是怎么说的呢？

当时他带着韩康子、魏桓子去看水势，为了督促两家更卖力、莫偷懒耍滑，智瑶把抱怨的话，上升了一个高度，改成了狠话威胁："**我现在才知道，引水淹城可以灭国。既然晋水可以淹晋阳，那么绛水和汾水（同样是山西境内的河流），是不是也能把你们韩、魏两家的城池都淹了啊？**"

这不是没事找事吗？没有这么吓唬人的！死并不可怕，精神折磨受不了。想起个笑话：枪毙犯人，行刑者连开三枪没打中，最后犯人急了，说："大哥，你拿刀把我剁了吧，太吓人了！"

韩、魏两家当时就是这种心态，当场哆嗦成一团，站都站不稳。本就瞻前顾后，这回彻底坚定了反水的决心。史书记载，不久之后，韩、魏两家联合赵家，引水倒灌智家大营，智瑶兵败身亡，连头颅都被赵襄子做成了酒器。

司马光评价此事时说过一句话，**才者，德之资也；德者，才之帅也。**这话说得好！有些人批评别人时习惯说狠话，话语中没有任何善意，像智瑶这样的人，即使再有才华又能如何？其结局大多不妙。他们也许只是"刀子嘴"，只是说说，并不当真。但他们的心思，别人又怎么会明白？你既然亮出"刀"来，就莫怪我先下手为强了。

后人品味：不能把抱怨作为话语的"余音"

批评别人的时候，必须学会转移抱怨。批评教育只是晓之以理，教育之后的鼓励才能动之以情。

一位学员是中层干部，他向我抱怨："我为什么总能遇到那些懒得像猪一样的下属？"我问："你当初是怎么挑选下属的？"他说："当然仔细挑选过！当初他们都挺上进，没想到现在都变得如此不思进取！"我说："这就对了嘛！当初人家都上进，被你领导了一段时间，现在都颓废了。这还不都是你的责任？只会抱怨，再好的员工在你手中也会废掉！"

有些上级在点评工作时，话语中全都是抱怨，员工听不到积极与鼓励，也听不出任何善意："这么多人都完成了任务，就你没完成！什么原因？……拖了整个团队的后腿，你好意思吗？你这是要活活气死我呀！"

不少人都习惯这样与下属沟通，他们根本就不知道自己错在哪里。职场中的管理者应该知道，你的话，在员工脑海中会"余音绕梁，三日不绝"。不能让员工回忆起来全都是负面情绪。这样只能让他们自暴自弃，而不会像你期望的那样，努力改变自己。

弱势沟通提倡"转移抱怨"。批评人时，不能以抱怨开始，以抱怨结束。敲黑板：你批评结束后，最后一句话应该体现善意。只有善意，才能让员工心悦诚服地接受批评。那么，要如何做呢？

不空谈理论，直接说答案。

同样是点评工作，管理者应该这样说，前半句不用变，还是先陈述事实："这么多人都完成了业绩，就你没完成……"后半句则要语气一转，体现出你的关爱和善意，把"什么原因？""拖了整个团队的后腿"改为"你一定是遇到了什么困难，我有什么可以帮你的吗"。

聪明如你，想一想，这样该有多好？是不是会让人感动？是不是会温暖人心？"多说"一句抚慰人心的话语，其实不费吹灰之力。既能达到教育的目的，又不伤人自尊，何必要处处表现自己的强势，说那些损人又不利己的话呢？

有的上级说：我也想好好说话，但是员工不听怎么办？现在的员工，可能比你学历还高，更聪明也更敏感。与这些有文化的下属沟通，你说话是不是也应该更有水平？

实战场景：说什么话，才是"点石成金，春风化雨"？

前人栽树，后人乘凉。来看一下我们现代人"乘凉"的案例。

问一个问题，遇到电视剧《亮剑》里李云龙这样的下属犯了错误，应该怎么管理？

《亮剑》剧中有这样一个场景：新中国成立后，在南京军事学院学习的李云龙、丁伟和孔捷三位少将抱怨军衔低。出早操时，不穿佩有军衔的新式军服。队长看到很生气："你们为什么不穿衣服？"这话被李云龙抓住了把柄："没穿衣服？我们是光着屁股来的吗？"

队长再问丁伟，丁伟说："我们老家穷，县长都是露着屁股的，所以我把衣服寄回老家孝敬我爹了。"最后问孔捷，孔捷说："我知道丁伟老家穷，他爹也是露着屁股的，我就把衣服寄给丁伟他爹了。"丁伟说："你爹才露着屁股……"

同队的将军们笑得前仰后合。出操是出不成了，军事学院院长刘伯承很快就闻知此事。如果你是刘伯承,面对这三位昔日的下属,应该怎么教育?批评轻了根本没用,批评重了,他们自尊心又接受不了。

能说服李云龙这样的人,什么样的下属都能说服。

刘伯承把三人叫来院长办公室,毫不留情地批评:"不错,你们都是有战功的人,打过不少胜仗,是不是以为这就够了?……动不动就以大老粗自居,以没文化为荣,我看不上这样的人!占着茅坑不拉屎,站着高位不胜任,到头来丢的不是一个人的脸,丢的是国家,丢的是军队,丢的是人民的幸福生活!"

严厉不严厉?岂止严厉,真可谓振聋发聩、醍醐灌顶。但若止步于此,还不算完美。雷霆万钧过后的春风化雨,才堪称收官时的点睛之笔。

大家一起来欣赏刘伯承的语言艺术——"俗话说,响鼓不用重槌,今天我对你们三个响鼓用了重槌……"敲黑板:从这里开始抚慰心灵。"响鼓不用重槌",这句话是"抢心灵金币"还是"送心灵金币",是夸奖人还是贬低人?当然是夸奖。而且夸奖得十分巧妙。什么是响鼓?轻轻一敲就很响的鼓。背后的含义是:你们都是我很看重的人,战功彪炳,肩负重任,才能见识岂是常人可比的?爱惜之情、呵护之心,尽在一语之中。

刘伯承接着说:"记住,这里也是战场!狭路相逢勇者胜,是男人就不能后退,就必须往前冲。这不为别的,因为你们是将军,是男子汉,明白了吗?"

李云龙、孔捷、丁伟:"明白!"

最后,刘伯承再次抚慰三位老下属的心灵!他表示,爱之深,才会责之切，期望你们不愧为共和国的将军，顶天立地的男子汉！还有比这更好的心灵洗礼吗？让我们一起为刘伯承喝彩，为刘伯承点赞！

转移抱怨法则：批评加鼓励，点石成金，春风化雨。

彩蛋：批评也可以充满善意

总结一下，批评也可以充满善意，老师批评学生时是这样，即使是学生批评老师，也可以是这样。看一下我的学生是如何批评我的：

一次，我去学员的企业考察。正好赶上北京堵车，约定的时间已经过去了1小时，我还在路上。这时，学员的电话打了过来，语气中难免有一些抱怨："肖老师，约好是1点见，您2点都没到，我们公司所有高管都在会议室里等您呢！手头的工作都耽误了……"

虽然说的是实情，这样直白的批评还是让我很不舒服，觉得丢了脸面。没想到学员后面的话，却用上了课堂上学过的转移抱怨，一下子柳暗花明："是不是因为我昨天没有把地址说清楚，您找不到？我出来接您一下，您看好不好？"

我心里暖烘烘的，更是十分惭愧，连声道歉。但如果学员一直批评和抱怨我会怎么样？比如他说："约好是1点，你2点都没到，怎么说话不算数呢？还是人不是人？"

恐怕我杀了他的心都有！

第14计　反话正说

说话不要经常用反问句，这是典型的"抢心灵金币"。

前人故事：用反问句责难大臣，郑灵公身首异处

先贤一句话，胜读十年书。看似简单的沟通，背后却暗藏着一个民族的语言传统。什么是反话正说？

何为反话？就是明明可以正面回答，偏偏要说反问句。这不但会让对方产生误解，更会遭人反感，是沟通中最要不得的坏毛病。

为什么上级不能说反话？这在中国历史上是有过深刻教训的。春秋时期，郑国君主郑灵公手下有位重臣公子宋，此人也许是有特异功能，只要食指不由自主地抖动，不久后必会大饱口福。这就是成语"**食指大动**"的来历。

一天，郑灵公请公子宋吃饭，大王八做成的美味高汤。后者喜形于色：要不要这么灵验？我昨天刚刚食指大动！郑灵公问公子宋何故发笑，公子宋照实回答。这下惹恼了郑灵公，怎么不感激我？

郑灵公不让公子宋吃了，公子宋偏偏要吃，走上前来，捞了一口汤便走。郑灵公说了一句反话——**岂以郑无尺寸之刃，不能斩其头耶？** 这句话真是要命，什么意思？难道偌大的郑国没有杀你的刀吗？这当然是气话，郑灵公说完，自己也没放在心上。

郑灵公是睡觉去了，公子宋回家却彻底睡不着了。古语讲，君无戏言。公子宋是心胸狭隘的人，方才君主用那句反问来责难他，让他寝食难安，惶惶不可终日。左思右想还是先下手为强，于是夜半潜入宫中实施疯狂报复，谋杀了郑灵公。

郑灵公几乎是史上最悲催的一位君主，在位才不到一年，只因说了一句反话，落得个横死的下场。所以这件事被后人戏称为：一碗王八汤引发的血案。

不会弱势沟通，你的结局也许会比想象的还要惨！

后人品味：不用反问句，才能让对方感受到你的善意

经常用反问句来责难别人，这样的管理者，我见过的不止一两个。他们通常会觉得下属都是蠢货或者废物，总摆出一副居高临下的姿态，说话时各种"不耐烦"。所以正面回答问题？不存在的。

比如：下属申请涨工资，他不明确指出下属在工作中的差距，而是用反话来羞辱人："你想涨工资？我还想呢！自己什么样，心里没个数？你这样的要是能涨工资，我脑袋给你揪下来当球踢！"连珠炮似的说反话，应该怎样改进却一句没说。

只会说反话，从来不正经说话，有什么结果？会无端招人忌恨，还于事无补。没有一个下属听了这种话会高兴吧，他们恐怕只在考虑一个问题，就是"你什么时候走到小胡同里，让我有机会往你后脑勺拍一块砖头？"

请不要这样说话！除非你真的生无可恋。明明能够使用正面词汇，何苦采用负面话语？如何把批评转化为鼓励？弱势沟通认为：在肯定下属的基础上提出期望，他的进步会超出你的想象，这叫反话正说。把批评隐含在善意的建议之中，往往比直接批评效果更好。

同样是回应下属涨工资的要求，应该这样说："你的想法不无道理！如果我处于你的位置，也会这样考虑问题……"前半句话就能看出区别，这是肯定而不是否定的语气，既是换位思考，其中又隐含着对下属以前工作的认可。这种话会让对方心生暖意，知己之感也会油然而生。

后半句则要提出期望："但你现在的业绩还不够理想，如果能够保持在团队前三名，那么升职加薪都不会是问题，到时候我一定会帮你向公司争取。"

听了这样的话，下属会有什么感受？会把关注点从个人得失放到如何进步上去。同样是表达"天下没有免费的午餐"，No pain, no gain，这样说，是不是比生硬的训斥效果更好？

有了目标，才有动力！作为管理者，你是想要一个知耻而后勇、充满斗志的下属，还是想要一个自暴自弃、与你对抗到底的仇敌？

实战场景：说什么话，下属才会与你心心相印？

前人栽树，后人乘凉。来看一下我们现代人"乘凉"的案例。

下属犯错误的时候，往往他自己并没有意识到。此时上司如果不会反话正说，大概率会伤及对方脆弱的心灵。在职场上，用"反话"指责下属，只能让下属越听越糊涂，不知所措。用"正说"明确提出期望，下属的前进方向才会清晰。

有一位朋友是企业老板，他的一位女秘书就属于那种没心没肺的人，工作上马马虎虎，对个人形象倒是非常在意。有时会蹦蹦跳跳地跑过来："老板，你看我今天的眉毛画得好看吗？"

她就是这样的一个人！心理学称之为"表演型人格"，简单讲就是强求别人赞美，生活中经常会遇到。比如：一个女孩子总是顾影自怜，问男友："你是喜欢我如花似玉的容貌，还是喜欢我冰雪聪明的智慧？"男友说："都不是，我最喜欢你这无中生有的幽默感！"

朋友对这位秘书也是相当的恼火，如果是不会沟通的领导，肯定会用反问句把其嚣张气焰打压下去——"工作上，怎么没见你这么上心？"但朋友却是沟通高手，对待年轻员工，批评不可明说，只能暗劝，要用反话正说。

朋友几句话搞定："你今天的打扮是挺漂亮的……"敲黑板：开头应该用肯定的语气，先不能让人反感，后边才是沟通的重点，提出期望："如果你的工作，也能像你的形象这样出色，那就更好了。"

看似简单的几句话，却引发强烈触动。秘书是那种要脸面的人，自尊心很强，最在意别人的评价。既然领导已经认可了自己的容貌，为什么不让他也认可自己的工作能力呢？

秘书后来的改变，出人意料。一改过去懒散的常态，兢兢业业，一丝不苟，像当初精心打扮自己一样认真工作，仿佛一夜之间脱胎换骨，同事们刮目相看。却没人知道，这仅仅是源自上司一句话而已。

谁说新生代员工不好管理？改变一个人说难也难，说简单，比我们想象的还要简单。

<u>反话正说法则：谁没有自尊心呢？你有，下属也有。每一种批评，都可以转化为期望和鼓励。</u>

应用深化：劝说长辈，更要用鼓励代替批评

不说反话，才能说服固执己见的人。我的老父亲 80 多岁时半身瘫痪，犯了一个"大错误"：没有遵医嘱，每日让女护工喂他吃饭。缺少手部运动，身体机能会逐渐退化。

母亲看在眼里，急在心里，努力劝说却适得其反。因为她用反问句指责："你这死老头子是看上了人家怎的？你就不能自己动手？"被冤枉，老父也不生气，但坚决不改："我手指头都动不了，干脆享点福。你愿意怎么说就怎么说。"

长兄脾气暴躁，脱口就是三个排比反问句："我的亲爹呀！你上辈子是地主不成？非要有人伺候着才高兴？你就不能自己动手？"老父亲还是不生气，但仍不为所动："地主就地主，我当了一辈子劳动人民了……"

护工更是不敢劝。这可怎么办呢？难道眼看着老人家的身体一天天坏下去？

远在千里之外的北京，我一个电话打回老家，用弱势沟通，瞬间解决了这个家人轮流上阵都解决不了的难题。对父亲，没有一句是反问句，全是正面话语，把批评隐含在鼓励之中："您这样做肯定有自己的难处。对于病人，不能像健康人一样要求……"此言一出，老父亲大感宽慰——还是老儿子心疼我。接着就要提出期望了，我说："您过去一直很配合康复治疗，如果这次还能自己动手吃饭，那就让家人都放心了。我在外地，也不会夜夜担心，睡不着觉了！"

电话那头，老父亲许久没有说话，沉默了好一会儿，他说："孩子，你担心我，我就不担心你吗？你一定要休息好！放心，我今天就按你说的做。"

放下电话，我早已泪流满面。

父母之恩比海深！时至今日，老父离世已经整整五年，我时常在梦中见到他老人家。子欲养而亲不待，我多想时光能够倒流，让我能依偎在他身边，握住他宽厚而温暖的大手，再多对他说上几句暖心的话！

彩蛋：反话太多，难免自作自受

最后讲个笑话：一个人去理发，小工帮他洗头，他嫌水温高，说了句反话："你这水还能再烫一些吗？"结果差点被烫成猪头。

剪发时围裙太紧，脖子不舒服，他又说反话："你还能勒得再紧一些吗?"理发师使劲勒了几下,他呼吸都困难了,还在说反话:"你再勒一下?再勒一下试试?……"理发师心想:这还不够紧?只好下手更狠。完事之后,还止不住夸他:"这位大哥,你这双眼睛可是真够大的……不对呀!你怎么把舌头都吐出来了?"

自作自受,谁让你不会好好说话?

第五章

弱势沟通是成就他人的格局

第 15 计　隔岸灭火

职场上，只有"多管闲事"，才能抓住升职的机会。

前人故事：因为格局大，他在升职路上远远甩掉了曾国藩

先贤一句话，胜读十年书。看似简单的沟通，背后却暗藏着一个民族的语言传统。什么是隔岸灭火？

从字面上就可以理解其基本含义。简单讲，所谓"隔岸"，就是非本部门的"隔壁部门"；所谓"灭火"，就是主动发现并消灭问题。这是一种在职场上快速"自我提拔"的方式，有的人甚至可以一年连提三级。

隔岸灭火，古已有之。我们来看一个史料记载的故事：在清末的封疆大吏之中，曾国藩这个人是大大有名。他 27 岁成功及第，赐同进士出身。其后"十年七迁，连跃十级"，成为二品大员，可谓仕途平坦，官运亨通。但比他升职速度还要快的，却是一位年轻的后辈。此人名为何桂清，字丛山，号根云，是当时最年轻的职场红人。

何桂清名气不算大，但比曾国藩还牛，年纪轻轻就官至两江总督，加

封太子太保，头发都白了的曾国藩始终被他压制得抬不起头，若不是何桂清后来自己做错了事，丢掉了官职，曾国藩很难有机会取而代之。

如果论百战功勋，何桂清显然比不上曾国藩。但就是因为写了封"隔岸灭火"的奏章，一夜之间连升三级。

当年的何桂清是江苏学政，主管考秀才，只是个不咸不淡的"边缘人物"。本职工作做得再好，恐怕也很难有升职的机会。但此人不甘平庸，给当时的咸丰皇帝上书，痛陈弊政。

当时，太平天国起义风起云涌，天下刀兵四起。吏治最大问题，就是各地方大员不作为，都抱着保存实力的念头，"各家自扫门前雪，休管他人瓦上霜"，围剿义军出工而不出力。眼看江山将要易主，咸丰皇帝天天急得跳脚。

何桂清的奏章可谓一场及时雨，说到了皇帝的心里去。奏章中，何桂清把隔壁安徽巡抚的不作为批评得体无完肤，并在军事上提出了几点建议，既有理论，也有实际。这让咸丰抚案叹息，要是多几个何桂清这样的人，天下之事又何至于此？

很少有人知道，这看似简单的书面沟通，实际上包含着升职的三大诀窍。

诀窍一：体现你的全局高度

作为大老板，咸丰皇帝当时最关心的是什么？不是如何考核秀才，而是能否快速镇压太平天国起义。老板最痛恨的就是那些"屁股决定脑袋"、只为本部门利益考虑而置大局于不顾的人。何桂清的奏章站在全局高度上，有忧国之心，无门户之见，显示出远超职位的眼界和胸怀。

诀窍二：表现你本职工作以外的才能

说什么事，说对了加分，说错了不扣分？说其他部门的事。何桂清是文官，偏偏要谈武事。这是最能显示才能的做法，只有功没有过！军事上的事，他本来就是外行，说错了正常，要是凑巧说对了几点，那一定会让老板刮目相看！难得此人文武全才呀，朕当初怎么没发现？你不升职，比窦娥还冤！

诀窍三：用你做榜样

老板说话有时也未必会管用，这叫"自己的刀削不了自己的把儿"。安徽巡抚这样的高管，有些做法着实让老板寒心，只是目前还不到换人的时机。咸丰皇帝当然也知道何桂清资历浅、年纪轻，提拔太快恐遭朝野非议，但就是要用他做个榜样给大家看，以此来刺激一下官员们麻木的神经。咸丰对何桂清说："你也不要再抨击别人了，你来做两江总督，顺便替我管理他们，就照你的想法实行。"

于是何桂清一夕之间，在职场上到达了别人几十年也到不了的高度。

何桂清不愧为沟通高手。他的弱势其实十分明显：首先，他是汉人；其次，作为学政，部门的重要性没那么高。太平盛世时也许需要舞文弄墨，天下大乱之时，皇帝只会关心如何舞刀弄枪。何桂清上奏的每句话都说到了老板咸丰的心里去，无形中减轻了老板的焦虑感，就相当于为老板做了一次"心灵按摩"，大送特送"心灵金币"。这种方法看似简单却快速有效。即使是在现代的职场中，许多中高级管理者也未必能看懂其中的奥妙。

何桂清其人，史上褒贬不一，我们姑且不管，我们只需知道：职场是一个残酷而又公平的舞台，主角要靠自己争取！坐等是等不来的。

后人品味：老板只会提拔胸怀全局的干部

古往今来，职场上有些道理都是相通的。如何才能得到快速提拔？如何在众多同辈之中脱颖而出，让上级领导一眼看到你的才能？只有那些胸怀全局的干部，才能得到领导真正的赏识。

隔岸灭火并非无事生非、挑他人的毛病，实际上体现的是一种积极主动的工作态度，在当下也可称为"破除本位主义思想"。在古时，则称为"盐梅帝道"。这是衡量一名宰相是否称职的重要标准。

身为宰相，要像调味的咸盐与酸梅一样，帮助皇帝调整修正决策，而不能做人畜无害的小白兔，做从来不得罪人的老好人。在现代职场中，优秀的管理者往往都能主动发现并解决企业内部的问题，而不管这是不是自己分内的事。拿多少工资就干多少事？这种人早晚会被淘汰。

"盐梅帝道"这个典故来自商朝最杰出的帝王武丁，他用这个标准，选中了傅说为相，创造了后世称为"武丁中兴"的鼎盛时代。即使你并非一国的宰相，但如果能像宰相一样胸怀全局、革除弊端，这样的人，老板又怎么会不赏识？他看中的不是你说了什么话，而是话语背后的一片忧国之心。

曾有学员问我，为什么一定要"隔岸"？"攻击"本部门上司不行吗？那就不是"隔岸灭火"了，而是在自己的岸边放火，一定会烧到自己。

且不说你的上司知道后会大为恼火，就是老板也会怀疑你有取而代之的野心，即使你说的全对，也是只有过、没有功。几句话就可以把你说得灰头土脸——"本部门的事你还有脸说？早干什么去了？是不是一直在袖手旁观、幸灾乐祸？"

实战场景：如何在受歧视的环境中被破格重用？

前人栽树，后人乘凉。来看一下我们现代人"乘凉"的案例。

我年轻的时候在某高校下属的企业集团做中层干部，职业生涯一度遇到了明显的"天花板"。

由于是校企的背景，公司里有条不成文的规矩：本科是本校毕业的往往要优先提拔；本科非本校但在本校读硕或读博的，也能被高看一眼；我的本科和研究生都不是在本校读的，所以在企业中被边缘化，升职更是无望。

遇到这种隐形的学历歧视，我颇为尴尬。在下级眼中，我可能是威风八面的"老虎"，只有自己知道，我更像一只"壁虎"，稍不留神就会从墙壁上掉下来。

许多中年人都会陷入这样的困境：年岁越长，家庭负担越重。孩子升学、老人医疗、亲友聚餐，哪一样不需要大把银子做后盾？偏偏收入有时不升反降、职位也可能朝不保夕，怎不教人焦虑？有心跳槽去陌生的企业，但工作技能可能已经"老化"，想跳槽又谈何容易？

当你真心对待工作时，工作才能真心回报你！这样才可以破解职场上看似无解的升职困局。按惯例，公司内部员工是平均七年提升一级。如果论资排辈，当然难有出头之日，但应用"隔岸灭火"的策略，我在企业中一年连升三级，引来不少人的羡慕和叹奇。

我的经历或许会对你有用，分享一下，供大家参考。

如何才能"隔岸灭火"？简单讲就是，站在老板的角度去考虑每一个问题。当时，我的职位是企划部副经理。谁是我的顶头上司？企划部经理。我不"攻击"他，而是给老板写了一份建议书，"攻击"隔壁的销售部经理。指出销售与企划配合不够紧密，只会"销"不会"营"，没有让企业品牌优势最大化，并提出了三点具体改进措施。

很少有人这样"多管闲事"！操心其他部门的事，你又不会多拿一分钱工资。但也正因如此，老板发现了我的与众不同，说得挺有道理呀！公司里还有这样有心的人？这的确是以前遗留下来的顽症，销售部有勇无谋，只知道拼蛮力，是到应该改变的时候了。

那如何实施改革？老板对我说："你也不要批评他了，我就把你升职为营销副总监，负责销售与企划的协调，代替我管理他们，马上实施你的想法。"

我成为营销副总监，谁是顶头上司？营销总监。我不"攻击"他，没过了多久，又给老板写了一份"奏章"，"攻击"隔壁研发总监。指出研发部门经常闭门造车，与营销配合得不紧密，没站在客户角度考虑问题，设计缺乏市场观念，并提出了五点建议。

老板一看，你又说对了！研发中心也应该换换思路了，你也不要批评他，你升职为总裁助理，负责研发与营销的协调。

我成为总裁助理，谁是顶头上司？常务副总裁。我仍不"攻击"他，不久之后又给老板写了份建议书，"攻击"隔壁的生产副总裁，指出了生产部门从采购环节开始就存在严重的"跑冒滴漏"现象，只有控制成本才能大幅提高企业利润。

老板一看，你也不要批评生产部门了，干脆升职绩效副总裁，负责全公司的业绩考评。这样一来，连常务副总裁年底该发多少奖金，都需要我来签字审核。我成了除了老板之外，公司里最有发言权的人。

有学员在课堂上提意见："肖老师，你教给我们的都是阴谋啊！"其实这是大大的"阳谋"。隔岸灭火实际上是一种"自我提拔"。我白天用了100%的精力做好本职工作，晚上仍用100%的精力，天天琢磨其他部门的事。

我始终按照上级领导的角度来思考问题。如果我是他，应该抓好哪几件事？这样，不但本部门的工作重点一目了然，对公司的全局也有了清醒的认识。不少员工只花80%的精力去应付工作，而像我当年这样愿意花200%精力去工作的人，即使天生愚笨，又有哪个老板会不喜欢呢？

隔岸灭火法则："隔岸"证明态度，"灭火"证明能力。有态度，有能力，<u>这样的人最让领导喜欢。</u>

第 16 计　舍车保帅

保全上级才能保全自己,这是最快的升职捷径。

前人故事:齐貌辩逆转式沟通,田婴相位一夕前失而复得

先贤一句话,胜读十年书。看似简单的沟通,背后却暗藏着一个民族的语言传统。什么是舍车保帅?

分享一个关于田婴的故事,他是战国四公子之一孟尝君田文的父亲。

孟尝君曾担任齐相,史上颇有名气,创造了很多成语,比如鸡鸣狗盗、狡兔三窟等,讲的都是他与门客的故事。孟尝君的本事属于祖传,他的父亲田婴也当过齐相,比他更牛,号靖郭君,但田婴当年曾遇到一个生死攸关的职场难题。

《战国策·齐策》中记载:齐宣王继位,左看右看田婴都不顺眼,觉得他有功高震主之嫌,所以将他贬回老家薛地。"落难的凤凰不如鸡",田婴随时有被诛杀的危险。他的门客之中有一位高人,名曰齐貌辩,这人名字里就有一个"辩"字,不但"貌似很能辩论",实际上也很能辩论。他

说:"我说一句话,就能让你官复原职。"当时田婴大为震惊,这不是做梦吗?怎么可能啊!

齐貌辩说,梦想还是要有的,万一实现了呢?(肖老师说过,只要会弱势沟通,万事皆有可能)。果然,齐貌辩到了齐宣王面前,一句话搞定,用的就是舍车保帅。

齐宣王当时很生气:"你是田婴的谋士,有朝一日诛杀田婴,寡人也要杀了你!"齐貌辩处变不惊:"田婴若是什么事儿都听我的,也不至于有今日之祸!"一句话勾起了齐宣王的好奇心:什么事他没有听你的呀?

齐貌辩开始"揭露"自己,他说:"我有两恨。一恨是当年您还是太子的时候,我曾劝田婴,'太子面相不仁厚,必是心狠手辣之辈,不如先下手为强,趁着他羽翼未丰,我们另立他人为君,否则必受其害'。没想到田婴哭着对我说:'不可以这样做,怎么能这样对待先王的骨肉呢?太子心地良善,宁可他负我,不可我负他,此事万万不可!'"

齐宣王闻言不免惭愧,没想到田婴当初对我这么好!接着,齐貌辩把自己说得更加不是人,他说:"二恨是田婴过于迂腐。当年楚王想用几倍的土地和他交换封地薛地,顺便把他本人挖过去为相。我说:'这是天大的好事儿啊,齐王也不会给你这么多土地了,何乐而不为?'结果田婴说:'祭祀先王的宗庙都在我的封地之中,我怎么忍心把先王的宗庙交给楚国呢?给多少土地也不换!'"

史书记载:齐宣王闻之流泪,无地自容。原来田婴对寡人和先王如此情深义重,你看看人家,再看看我。我这做的都是什么事呀?齐宣王马上说:"我太年轻,不懂做事的道理。您能不能替我把田婴请回来呀?我一定让他官复原职！"

数日之后，田婴回来了，齐宣王亲自出迎郊外。君臣执手相看泪眼，无语凝噎。齐貌辩舍身护主，消弭了一场君臣之间的大祸。"揭露"自己的结果是，不但无罪，还有大功，他后来也在齐国位极人臣。真真正正是皆大欢喜！

好一个齐貌辩！人情练达、世事洞明。面对强势君权，怎样替田婴辩解恐怕效果都不会好。那么干脆反其道而行之，用自己的"狠心"来衬托田婴的良善。这个"亏"吃得实在是高明！

肖阳观点：皮之不存，毛将焉附？领导不倒台，你才不倒台。领导若是倒台，覆巢之下，安有完卵？

再啰唆几句，传说田婴初识齐貌辩时，对其万般恭敬，搞得孟尝君这个亲生儿子都眼红。田婴告诉他：你死了我都不心疼，但齐貌辩受一点委屈都不行。为了齐貌辩，即使家毁人亡，也无所谓——破吾家，无辞也！

大家对此百思不得其解！但不经历风雨不见彩虹，后来田婴借齐貌辩的帮助摆脱危机，人人皆赞其有先见之明。

后人品味：莫用见风使舵的小聪明，要有安定团结的大智慧

舍车保帅是中国象棋的术语，比喻为了全局的胜利，可以放弃局部看上去很重要的利益。沟通句型很简单，"这件事没做好只是我个人的责任，与上级无关"，但转变思维却是一件难事。

在职场上，宁可"牺牲"自己也要保全上级，被许多人看来是一种愚蠢的行为，是典型的"当替罪羊"。其实，有胸怀和格局的下属从来不会吃亏，这才是常人想象不到的高明之举。可以这样讲，舍车保帅，车帅俱胜；保车舍帅，帅亡车亡。

为什么要舍车保帅？因为在职场上既要做好事，还要做好人。维护团队和谐就是维护自己。想顺利升职的人，都不会出卖领导，关键时刻宁可"出卖"自己，这样做的结果却往往是天下太平，个人也步步高升！职场中人应该意识到，保全上级就是保全自己。古语云：皮之不存，毛将焉附？能处处维护团队和谐，你就是上级眼中最大的功臣，升职加薪都自然而然、水到渠成。

职场上，千万不要随便"站队"。不要干那些"城门失火，殃及池鱼"的蠢事，拉帮结伙是最凶险的。站哪个队都不对，因为两个"大人"要是打起来，受伤的往往是无力自保的"孩子"。对于下级来说，这是无妄之灾。可惜的是，有些人偏偏为了证明自己的"忠诚"，挑拨上级之间的关系，激化矛盾，唯恐天下不乱，这实在是自寻死路。

写到这里，想起一个笑话：夫妻打架，把婆家人、娘家人都找来助阵。丈夫说：除了我老婆，其他人随便打！老婆说：除了我老公，其他人随便打！

其他人：没有你们两口子这么玩人的！

实战场景：为什么肯吃亏的人最终不会吃亏？

前人栽树，后人乘凉。来看一下我们现代人"乘凉"的案例。

团队再和谐，内部也会有冲突、矛盾。如果两位你得罪不起的领导产生了争执，双方都问你听谁的，这时候，作为下属的你应该怎么办？

先透露部分答案："站队"站到哪一边都是不对的！课堂上，曾有学员问："既然都不对，难道双方我都不站？"我说："那你会死得很难看！"只有从"调解而不是激化矛盾"的角度出发，才能找到问题的真正答案。

一位朋友是某高校下属企业的中层干部，有一次遇到了个难题：老领导求他办事，本来这事并不违反原则。但不巧的是，新领导得知以后坚决不同意。因为新老领导关系势同水火，新领导想借他之手，给老领导添添堵。

这就让人为难了！怎么办？肯定要得罪一方。常规的做法都会惹火烧身。

● 第一种做法：明哲保身。你对老领导说："不帮您不是我的错！我爱莫能助，因为新领导不允许。人在屋檐下，不得不低头，您多体谅……"这样说话行不行？肯定不行！老领导定会对你大失所望，而且还会对新领导怀恨在心。扩大了领导之间的裂痕，你无异于破坏团队和谐的罪人。

● 第二种做法：鲁莽行事。你对老领导说："做人要讲良心，宁可前程不要了，我也不能袖手旁观……"然后瞒着新领导偷偷把事办了。这样做也比较幼稚，因为世上没有不透风的墙，新领导知道以后，会觉得你胳膊肘向外拐，不听号令，肯定大为恼火。和顶头上司有了隔阂，以后还谈什么密切配合、安心工作？

真是"人在家中坐，祸从天上来"，看似简单的一个问题，实际上却相当棘手，这等于逼人站队。有人说："上错床""花错钱""站错队"是职场人最危险的三种行为。"站错队"可能是一辈子都翻不了身。

那么，有没有两全其美的做法，既不伤人也不伤己？

只能弱势沟通！朋友用"舍车保帅"之法，最终不但没有得罪任何一位领导，还得到双方的赏识，不久之后连升两级。

他是怎么做的呢？首先，他毫不犹豫地帮老领导办好了这件事，但办完之后话怎么说，最为关键。老领导当面感谢他，他说："这不是我的功劳。"自己本来不想帮，更没有能力帮，但新领导知道了，要求他一定要帮。虽然双方平时不太亲近，但在新领导心目中，老领导是他最尊重和敬佩的人。所以，为了办成此事，新领导暗中提供了不少帮助。

朋友宁可"冤枉"自己，也要保护上级，让老领导对新领导印象大为改观。原来一直误会了人家，真是"狗咬吕洞宾，不识好人心"！老领导颇感惭愧，连忙说："能不能这样，我请他吃饭，你来作陪，好好感谢一下人家？"

最后的结局大家都猜到了：酒席宴间，新老领导交谈甚欢、尽释前嫌。刚见面时，听到老领导的感谢之词，新领导还有点发懵，明明此事自己没有帮忙，相反还在添乱，却凭空领了个人情，马上体会到了朋友的良苦用心，顺水推舟，借机修复了双方的关系。

什么是舍车保帅？宁可"牺牲"自己，也不说领导的坏话，这样的下属又有谁不喜欢呢？新老领导和好，双方最感谢谁？就是我的这位朋友。在新老领导的大力推荐下，朋友意外地一年连升两级。

<u>舍车保帅法则：煽风点火者大多不得善终，舍车保帅者才能笑到最后。</u>

第17计　功推于上

把功劳让给上级，升职路上顺风顺水，不再多灾多难。

前人故事：三朝贤相晏子自毁式沟通，五十年恩宠不衰

先贤一句话，胜读十年书。看似简单的沟通，背后却暗藏着一个民族的语言传统。什么是功推于上？

前文介绍过，晏子是中国历史上在位时间最长的相国之一，先后经过齐灵公、齐庄公、齐景公三位君主，五十年恩宠不衰。就连孔子都对他大加赞赏，不吝溢美之词。他在职场上有什么诀窍呢？简单讲就是有过失自己承担，把功劳让给上级。

史书记载：当年景公垒筑高台、劳民伤财。天气寒冷，很多老百姓都冻死了。大家来向晏子求救。没想到却遭到晏子的严厉批评："我一个普通人，为自己家盖房子，都盖得特别快，你们这么多人，为君主盖高台，却盖得这么慢，是不是有意怠工？"此言一出，老百姓都气坏了，国人皆说：晏子助纣为虐，没准齐王盖高台的坏主意就是他出的。

没想到，晏子次日上朝，第一件事就是劝说齐王停筑高台。他编了一首歌："冻水洗我，若之何！太上靡散我，若之何！"这话什么意思呢？就是说老百姓都在抱怨，为了筑高台几乎都要冻饿而死，已经没有活路了。

齐王闻之落泪，马上听从了他的建议。此事过后，晏子出门之后逢人便说：停盖高台，这是齐王自己的主意。百姓皆称颂齐王，却没有人知道这其实是晏子的功劳。齐王后来知道了此事，大为感动，以晏子为贤。

孔子赞叹曰：救民之姓而不夸，行补三君而不有，晏子，果君子也！

有了功劳却不说？有年轻人说：这是一种迂腐的职场观念。不是我的功劳我不争，是我的功劳，谁也别想抢走！话语中透露出自信、强势和霸气。这恐怕是某些外国电影看多了，拯救世界危机，不依靠团队，全靠单枪匹马，这可犯了个人英雄主义的错误。

事实上，离开了领导和平台的支持，你真的还是你吗？年纪大了、职位高了，也许才会懂这个并不复杂的道理。

离开了平台扶持，没有人能建功立业。如何看待平台的价值？再分享一个故事：名将乐羊，他是春秋战国时期魏国的高管，被老板魏文侯委以重任，率举国兵马攻打中山国。

中山国兵精粮足、城池坚固，此前数攻不克，这还不是最大的难题。难题是乐羊的儿子在中山国官居大夫，每到关键时刻，他儿子就出来喊话："爹呀！别打了，再打我官就没了。"乐羊说："可以，等你们国王率众投降。"不投降继续攻打，他儿子又出来喊："爹呀！别打了，再打我命就没了。"还不投降，再打！他儿子还出来喊："爹呀！别打了，再打你孙子就没了,孩子他妈、他姥姥、他姥爷,统统都没了……"

乐羊一咬牙一跺脚,还是打下了中山国。城破之前,儿子全家皆被诛杀。

凯旋之时,乐羊觉得没有人比自己的功劳还大,连至亲之人都在这场战役中失去了,回去不知老板会怎样奖赏自己。

魏文侯大排筵宴为其庆功,酒过三巡,菜过五味,就是不提奖赏的事。曲终人散时,魏文侯偷偷把乐羊留下来,送给他两个大箱子。

乐羊想,这里面指不定是什么宝贝,想是怕旁人嫉妒。回家打开箱子一看,冷汗都下来了。里面全都是别的大臣攻击他的奏章,说他在前线畏缩不前、耗费钱粮、想自立为王,每一条都是杀头的罪过!

第二天早上,乐羊连滚带爬地跑到王宫,伏地喊冤。魏文侯笑着扶起他,说了一句话:"不是你乐羊,没人能替我打下中山国;但不是我魏文侯,也没人敢用你这样的人!"

你刚跳槽过来,我就充分授权,把全国的兵马都交给你,打下中山国是你的功劳还是我的功劳?这么多我的老兄弟说你坏话,我一句都没信,打下中山国是你的功劳还是我的功劳?

乐羊此时才如梦初醒,连声说道:"臣狂妄!如果没有您,我肯定一事无成!"

那些在职场上取得一点成绩就沾沾自喜的人,不妨也问一下自己,没有了平台的支持,你还能"包打天下"吗?

后人品味：让上级欣赏和感激的，往往不是你的能力，而是你的格局

在现代职场中，爱抢功劳的人往往最易遭到上级反感。比如：公司准备提拔干部，他事先向当事人透露消息："这次是我帮你说话了，本来老板和其他高管都是不同意的……"搞得当事人对所有领导都怀恨在心，只对他一人心存感激。

再比如：在员工面前做好人，让上级做坏人，把功劳归于自己："当初要不是我跟老板据理力争，他能给你今天的待遇？"搞得下属对公司心生怨气，只对他一人死心塌地。

聪明的人都怕功高震主，愚蠢的人却生怕震不死自己！无论能力多么高，恐怕都会前途堪忧。而"功推于上"则提倡：把原本是自己的功劳让给上级。这样做是不是傻？其实，这才是常人没有的职场沟通"大智慧"。

能让上级欣赏和感激的，往往不是你的能力，而是你的胸怀和格局。与晏子的"功推于上"相反，中国历史上有不少与上级抢功劳的职场狂人，最典型的就是曹操的发小许攸。官渡之战，他叛袁绍投曹操，献计火烧乌巢，使曹操一战功成、霸业初定。曹操感恩，待许攸为上宾。许攸却总爱敲打老板：你的岁月静好，来自我的负重前行！

公元 204 年，曹操破邺城而占冀州，大宴群臣。大喜的日子，许攸又跑来添堵："阿瞒，若没有我当初，你能有今日？"当众直呼老板的小名，活得不耐烦了吗？多高的功劳，也禁不住这样挥霍呀！曹操表面上点头，其实恨不得当场啐他一脸唾沫。

许攸对此却浑然不知，最后终于引来杀身之祸。有人说，曹操一怒杀

之；还有人说，曹操借猛将许褚之手将之斩首。不管怎么说，到处抢功的许攸，到底还是丢掉了自己的性命。

不要抢功劳，不要抢功劳，不要抢功劳，重要的话说三遍！与许攸相反，清朝的张廷玉，不但是位大才子，更是明古知今的聪明人，深刻懂得职场上的道理。他担任过三代宰相，集康熙、雍正、乾隆的宠信于一身，被誉为"汉臣第一人"。经常有同僚私下称赞其功劳，张廷玉总是深感不安："圣主在上，我们做臣子的有什么功劳？"

言外之意，那些自以为功高的人，死得还嫌少吗？你们这些家伙难道是要害我不成？

实战场景：为什么不争功的干部总能得到重用？

前人栽树，后人乘凉。来看一下我们现代人"乘凉"的案例。

"功推于上"是高级干部必备的职场沟通素养。

讲两个苏联的著名人物，他们能力相差不大，结局却有天壤之别。第一个人是"战神"朱可夫，他是二战时期最优秀的军事家之一。他的功劳世人皆知：不但亲自指挥莫斯科保卫战，在关键时刻挽救苏军免受灭顶之灾，而且百战不殆、屡战屡胜，率部一直打到柏林，促成了苏联卫国战争的胜利和二战的终结。

但他的结局却让许多人意想不到。战后，光芒耀眼、万众瞩目的朱可夫，被顶头上司斯大林评价为：不谦虚，过于傲慢，把所有重大胜利归功于己。从而受到开除、降职等一系列处罚，成了无人问津的边缘人物。

不是斯大林鸟尽弓藏，追根溯源，朱可夫的结局早有征兆。早在 1941

年卫国战争刚刚开始时，朱可夫就是一个不太会沟通的人，会与最高统帅斯大林当面争执。

如何反击德国人的闪电战？朱可夫认为：应该"打得赢就打，打不赢就走"。舍弃土地换取时间，积蓄足够反击力量，但这与斯大林的"寸土必争"战略截然相反。当然，站在军事角度，朱可夫的策略可能更加内行。

争论到激烈时，斯大林说："连基辅都能放弃？你简直是在胡说八道！"朱可夫说："如果您认为我这名总参谋长只会胡说八道，请现在就解除我的职务！"

这明显是在将老板的军！没有上司不爱惜朱可夫这样的人才，但也没人能接受下属如此强势的沟通方式。斯大林说："不要意气用事！现在就解除你的职务，你到前线去吧……"

与朱可夫相反，苏军另一位名将却是倍受信任，是斯大林一生中最喜爱的人，这个人是谁呢？他又是如何说、如何做的呢？

此人就是苏军名将华西列夫斯基。二战后期，他率部消灭数十万日军，帮助中国光复东北全境，也算小有名气。虽然在军事才能上稍逊朱可夫一筹，但沟通水平却让后者望尘莫及。

接替朱可夫担任苏军总参谋长后，华西列夫斯基深知出风头的事不能干，不能与上级抢功劳，所以从不用自己的"内行"去反驳斯大林的"外行"，更不会用自己的"聪明"，去证明上级的"愚蠢"。

每天下午，他都要陪斯大林喝茶。在聊天时，漫不经心地说出自己的专业意见和军事观点，然后"挥一挥衣袖，不带走一片云彩"，飘然离去。

不久之后,斯大林点兵布阵,其决定之英明,总能受到大家的拍手称赞,但没有人知道,这是华西列夫斯基暗中的贡献。

战后,华西列夫斯基位列元帅,出任苏联最重要的武装力量部部长,深受斯大林信任。斯大林说了一句让所有人都忍俊不禁的话:"像华西列夫斯基这样连苍蝇都没有欺侮过的人,谁又能不喜欢呢?"

功归于上法则:在职场上,胸怀大,自然运气好。

第18计　尊老敬贤

牢记、复述并执行领导说过的话。

前人故事："先天不足"的咸丰登上帝位，靠的是仁义沟通

先贤一句话，胜读十年书。看似简单的沟通，背后却暗藏着一个民族的语言传统。什么是尊老敬贤？

慈禧的老公咸丰，是清朝最后一位有实际统治权的皇帝，也是清朝最后一位通过秘密立储继位的皇帝，年少时并不被人看好。

有能力与咸丰争夺皇位的是他的六弟奕䜣，也就是后来大家都熟悉的恭亲王。虽然年长一岁，但老四咸丰明显有三大短板：

其一，老六的母亲是皇贵妃，掌管后宫，深得道光皇帝宠爱。而老四的生母早早因病去世，他名副其实是后娘养的，爹也随时可能成为后爹。

其二，老六能文能武，读书过目不忘。而老四脑筋比较迟钝，属于鱼的记忆，最多七秒钟，过目即忘。

其三，老六一表人才，英俊潇洒。而老四出过天花，还曾坠马伤股。

这种条件别说出来争皇位了，能活着已相当不易。

但咸丰会用尊老敬贤的沟通方法。

有一次，众皇子随道光皇帝同去南苑打猎。老六能骑善射，斩获颇丰，道光皇帝甚为欣赏：这才是我爱新觉罗子弟。

转而责备一无所获的咸丰，咸丰却用尊老敬贤作答："父皇教导我们要怀慈爱之心，不违天和。此时正值春季，万物繁衍，不忍射杀，更不愿与兄弟一争高下。"

道光皇帝心中一动，此真帝之言也！其实这不是废话吗？他复述你之前说过的话，当然是"帝之言"。

道光皇帝在病重之时才真正下决心让老四继位。其实他这个时候还是有点"四六不分"，不知道老四老六哪个更合适，所以决定再给两个儿子一次机会。

问："我死之后，应该如何治国？"老六侃侃而谈，列出了治国的各种方略，连病榻上的道光皇帝也不能不颔首暗许。再问老四，咸丰不发一言，伏地痛哭："我爹都要死了，我还有什么心思谈治国方略呀？"

帝大悦，谓皇四子仁孝，储位遂定。

肖阳点评：弟弟盛气凌人，兄长和光同尘。

前人故事："没人看好"的赵襄子继任国君，靠的是尊重沟通

尊重要体现在行动上，而不仅仅在语言上。《资治通鉴》记载：春秋末期有一位非常了不起的人物——赵襄子无恤，他是战国七雄中赵国的创

始人。由于生母地位低下，这个庶出的小儿子原先根本没有继位的机会，其父赵简子早早就把大儿子伯鲁视为接班人。

命运的转机来源于一次不起眼的测试。赵简子将自己的训诫书于竹简之上，给几个儿子人手一份，要求他们认真习读。所有儿子都连夜背诵，等待父亲次日考问。没想到，父亲左等也不来，右等也不来，赵简子仿佛把此事忘得一干二净。

几年之后，赵简子把儿子们叫到身边，吩咐大儿子伯鲁，你把我之前交给你们的训诫背一遍。老大张口结舌，心说爹呀，没有这么玩人的！都过去这么长时间了，你当我是光盘啊，刻上字就丢不了？赵简子问：竹简呢？伯鲁回答：上次去户外烧烤，我把它当柴火给烧了。再问小儿子，无恤将训诫背诵得一字不差，然后从口袋中拿出竹简："儿一日不敢让此物离身。"赵简子以之为贤。

无恤即位，是为赵襄子。父子联手，共创大业，史称"简襄之烈"。

后人品味：老板对态度的关注往往胜于能力

升职最后关头，是抢前任的"心灵金币"还是送"心灵金币"，这是生死攸关的问题。最佳的方式，还是要看到前任的优点，从内心中尊重前辈，这才是弱势沟通所提倡的。刘邦的四子，后来的汉文帝刘恒，就是这样"知其雄，守其雌"的人物，他没有过高估计自己，"萧规曹随"，这才有了后来的"文景之治"。

同样尊老敬贤，相比咸丰，我个人更喜欢赵襄子无恤。"苦心人，天不负"！作为庶出的小儿子，无恤在众多兄弟之中没有任何存在感。要是某天走丢了，他爹可能都不知道。但细节决定成败，尊重决定职位。

中国的老板，必然用中国式的标准选人。帝王大多是极其自负的，没有人希望自己选定的接班人推翻自己，所以他们会小心翼翼地观察候选人在小事上有没有背叛的苗头，一言一行能否让自己安心。"太子沦为阶下囚"，在中国历史上比比皆是。不少人早早露出锋芒，却落得个空欢喜的下场。

说到这里，我想起了关于赵襄子无恤的另一个故事。

史料记载：春秋后期，三家分晋。赵襄子被智、韩、魏三家合力攻打，不敌，只得困守晋阳。

由于被敌兵引水淹城，宫中水深三尺。群臣划船前来议事——有穿雨靴的，有穿拖鞋的，还有人一身潜水服前来报到……只有大臣高赫始终衣冠整洁，从不敢在君前失礼。

退敌以后，赵襄子论功行赏，把高赫功推第一。众人抱怨高赫寸功未立，赵襄子说：法纪纲常不可乱，他最大的功劳就是危难时还能尊重老板！

现代职场上，老板会如何考察接班人？同样的道理。有人说，升职之路相当漫长艰难。大致估计一下：平均100个员工中才有3个能升职为总监级干部。100个总监才有一位最终能成为CEO。也就是说，如果不是自己创业，爬到职场最高点的概率大概只有万分之三，这大致相当于买彩票中奖的运气。

那么，什么样的人才能接班？不全看能力，也看你懂不懂得尊老敬贤，这件事也没有想象中的那么难。老板选择接班人，最大的期望，莫过于对他事业的继承与发扬。

而如果没有尊重，这两点就都谈不上。

实战场景：能力有欠缺的人，如何才能脱颖而出？

前人栽树，后人乘凉。来看一下我们现代人"乘凉"的案例。

我们来看一个真实故事。能力有欠缺的人，也可以从众多候选人中脱颖而出，成为企业 CEO。

一位总裁班学员创建了一家大型家族企业。"打仗亲兄弟，上阵父子兵"，家族中所有亲属，他几乎都给在公司里安排了职位。妻子管财务，兄弟管采购，小姨子管仓库，小舅子管营销……但他最终却把自己的一位血缘关系远、能力并不突出的远房表舅升为企业的 CEO，这着实让其他人愤愤不平、心有不甘。

一次闲谈中，这位学员向我吐露了内情：表舅才是最让他放心的人。

表舅原本只是一名普通的中层干部，但每次开会时总是会早早等在会议室门口。当学员也就是老板到来时，一手接过茶杯，一手帮助他开门。

如果某次学员忘记带茶杯，表舅一定会找来新的水杯，帮他倒上一杯热茶。学员是左撇子，他告诉我一个细节：表舅每次倒水时，都会把杯子的把儿转一下，放到他左手边最方便拿的地方。

这样做的次数多了，学员相当不好意思。对表舅说："您是我的长辈，在公司里也不要过于拘束，其他亲属在我面前都比较随便。"

表舅说了一句话，让学员对他刮目相看："正是因为我是你的长辈，在公司里我才要格外地尊重你。不是尊重你个人，而是尊重你的职位。如果是老板的亲属就可以随便，那其他的员工又该如何管理呢？"

家族企业最怕的问题就是公私不分。此前，学员在企业中的权威经常遇到来自亲友的挑战。明明是正常的管理措施，却总是因为血缘亲情的关系而执行不下去，"豆腐掉到灰里——吹不得打不得"，这成了梦魇一样让他头疼的问题。

表舅的这番话，颇有古代名臣之风，正说到了老板的心里去：还有什么是比改变公司风气更重要的事吗？表舅得到提拔，当然也就是水到渠成的事。

肖阳点评：又一个高赫！我为学员深庆得人。

<u>尊老敬贤法则</u>：没有尊重就没有信任，没有信任就不能接班。

第19计 外圆内方

内心坚持原则,外表一团和气。

前人故事:周亚夫外方内方,三气景帝,丢了性命

先贤一句话,胜读十年书。看似简单的沟通,背后却暗藏着一个民族的语言传统。什么是外圆内方?

先看一个反面案例:汉朝名将周亚夫,惯用外方内方的说话方式,其结局令人惋惜。他出身名门,其父周勃当年曾削平诸吕,兴复汉室,是立过大功的人。周亚夫本人更是堪称国家柱石,驻军细柳,拱卫长安,平定了吴楚七国之乱。论能力、论忠心,周亚夫都无可挑剔。

汉景帝当然感恩,封周亚夫为丞相。但武将出身的周亚夫有个坏毛病——喜欢当众教育皇帝。他后来是怎么死的?"诸葛亮三气周瑜",而周亚夫却是"三气景帝",最终害死了自己。

一气景帝,是反对国舅封侯。汉景帝要加封自己的大舅哥,周亚夫不

同意，跟皇帝争论时还有理有据。他说："高祖刘邦说过，非刘姓不能封王，非有功不能封侯。国舅无功，怎可封侯？"搬出了先帝遗训，景帝还真是说不过他，因此怀恨在心。

二气景帝，还是因为这种说话方式。当年几个匈奴将军来降，景帝大喜，为树立榜样又要封侯。周亚夫再次当众反对，他说："您表彰这些不忠之人，是要倡导什么风气？鼓励满朝文武不守节操吗？"你看，道理都对，但就是没体会到皇帝的一片苦心，把景帝气得没着没落的，丢下一句"丞相迂腐不可用"，愤愤而去。

对自己的处境，周亚夫却浑然不知。第三次争执，是景帝主动试探他——请周亚夫吃饭，却不给筷子。这也不能用手抓着吃呀，成何体统？当我是印度人啊？周亚夫很生气，说，你这是对待大臣之道吗，转身拂袖而去。景帝在众人面前完全下不来台，叹息道："这种人怎么能辅佐少主呢？我死之后，你还不上房揭瓦啊？"

众所周知，汉景帝是位明主而并非昏君，但明主也有脾气，三气之后也气糊涂了。此时周亚夫的儿子私自购买铠甲兵器准备给父亲陪葬，被人告发，汉景帝就派廷尉查抄周亚夫的家，欲治罪。

搜查之后却没找到什么毛病，廷尉说："你儿子买那些铠甲兵器，是要谋反啊？"周亚夫说："我是武将，死后拿这些东西陪葬，怎么算谋反？"廷尉说："你不敢在地上谋反，一定是要到地下谋反！"于是，周亚夫含冤入狱，绝食五日，最后吐血身亡。

一代名将，未战死疆场，却死在了几句话上，可不可惜？

前人故事：谢安石外圆内方，智除奸臣，成就大业

再看一个外圆内方的正面案例：谢安，字安石，提起这个人大家都知道，东晋著名政治家，一代名相。淝水之战遥控指挥八万精兵，力破前秦大军百万。他是中国"深沉派"的祖师爷。《世说新语》中记载：捷报传来时，谢安正在对弈，客问何事？他只回答了六个字："小儿辈大破贼。"——没什么大事，只是我家的几个孩子，打败了前秦一百万军队而已，咱们继续下棋！

这样的人，中国历史上也不多见。谢安不但胸怀大志，更是腹有良谋，是个能屈能伸的人。最能体现他外圆内方特点的故事，是"遥拜奸臣"。当时朝中有位权臣，名叫桓温。此人比董卓还狠，亲手废立皇帝，是晋朝开国百年未见的大奸臣。谢安有一天在路上遇到他，离着很远就俯身下拜，搞得桓温很不好意思，连忙上前伸手相扶："你我是老朋友，怎么如此客气？"谢安说："从来只有臣子先拜君主的，哪能让君主先拜臣子呢？我是拿您当像皇帝一样尊敬啊！"——未有君拜于前而臣揖于后者。

瞧瞧，这话说得多么无耻！没人知道，这其实是谢安对敌人的"骄纵"之计。桓温势力强大，如果正面对抗，别说自己，恐怕连皇帝都会被人一锅端了。

没文化的桓温，根本斗不过有文化的谢安，每次都被谢安的缺德主意搞得晕头转向。比如：桓温几次要逼皇帝退位，谢安就告诉皇帝，一个字——哭。"帝便泣下数十行"，让桓温始终没法下手。直到后来，桓温病重，逼着朝廷封赏"九锡之礼"，谋反已是迫不及待，这时的谢安改用一

个"拖"字诀，不紧不慢地筹办典礼。

桓温等了三个月，问怎么样了。谢安说：没准备完。又过了三个月再问，谢安说：还没完。桓温只好再等三个月，这次倒真是完了，恒温活活给拖死了。

为什么在沟通中要外圆内方？只有活下来，才能更好地战斗。

后人品味：四种沟通风格，四种不同结局

为了坚持原则，不惜牺牲自己，这种舍生取义的精神固然值得赞扬，但这可能并不是一种有"韧性"的战斗。其实，坚持原则和保全自己并不矛盾。这让我想起了中国历史上的两位大才子，一个会弱势沟通，一个则不会，所以结局迥然不同。

不会外圆内方的人，是竹林七贤中的嵇康，他诗文俱佳，才华横溢。司马昭请他出山，他把使者骂了回去。还写了著名的《与山巨源绝交书》，大骂攀附权贵的山涛。这是打狗给主人看，最后，被司马昭一怒杀了。刑场上，嵇康自抚一曲《广陵散》，遂成千古绝唱。老实说，这种结局真让我们后人扼腕叹息，恨不得以头抢地！

与之相反，唐代大诗人张籍是外圆内方的高手，把拒绝的话都说得充满善意。当年，兵多将广的节度使李师道意图谋反，请他出山。他写了一首《节妇吟》，婉言谢绝："君知妾有夫，赠妾双明珠……还君明珠双泪垂，恨不相逢未嫁时。"这话什么意思？你都知道我有老公了，还勾引我？我是一个有节操的女人，只好无奈地拒绝你的好意。这是借诗咏志——我虽然被你感动，但终究不肯背叛朝廷。

于是张籍转危为安、逃脱大难。同样表达"富贵不能淫，威武不能屈"，论沟通水平，嵇康与张籍不可同日而语。

在现代职场上，沟通只有四种风格：其一，外方内方，明朝开国始祖朱元璋可以用，秦皇汉武可以用，你没有足够的权力与威望，不可以用。其二，外圆内方，沟通时体现善意，"送金币"而不"抢金币"。对领导、对同事这样说话，才能既坚持原则，又不伤害自己。其三，外方内圆。看似有原则，一遇到问题就怂了，这样的人不堪大用。其四，外圆内也圆。那就是个球，早晚会被一脚踢出去。

实战场景：忠心耿耿的人，如何才能善有善报？

前人栽树，后人乘凉。来看一下我们现代人"乘凉"的案例。

一位学员在外企工作多年，后来被人才引进，来到一家国企任高管。他对这家企业忠心耿耿，一门心思扑在工作上，所以很得领导的器重。他只有一个缺点，沟通时，他总是凭借着丰富的专业经验，把领导驳斥得体无完肤。

比如：公司要开发新项目，领导拍板之后，象征性地向大家征询意见。他第一个举手反对："我们不能只考虑新项目的收益，更要考虑到风险。根据我以往的经验，将来可能会出现以下问题……"他滔滔不绝地发言，说得越多，领导的脸色越难看。偏偏他的话专业性极强，是业内难得的真知灼见，让人无法反驳，所以每次都能推翻领导的观点。

这种事发生得多了，有好心人提醒他：有些话你能不能在会后单独与领导交流？总要给领导留点面子……

他说："这恐怕不行！我在外企时都是有什么话就说什么话，从不藏着掖着，也不用顾及什么人的脸面。只要本意是为企业好，相信领导能体会到我的一片苦心。"

结局却出乎学员意料。一次会议上，他当众与领导争执起来，被说了几句重话之后，愤然辞职。他觉得委屈，打电话向我诉苦：自己秉承一片公心做事，话语也是对事不对人，怎么就落到了今天这个地步？

我说，你的确错了，因为中西方职场的沟通文化有明显的不同。

我告诫学员：直接把西方人那套职场沟通方式拿到中国来用，必定会水土不服，早晚碰壁。《朱子家训》中有句话："堂前教子，枕边教妻。对症下药，量体裁衣。"大意是说，教育孩子可以严厉，当众教育更加深刻；而劝导妻子则要体现尊重，背后沟通更有效果。我问学员：你总是在人前"教育"领导，是何道理？有没有考虑到他的自尊心，有没有做到在中国文化背景下的对症下药、量体裁衣？

经历此次风波之后，学员终于学会了外圆内方，学会了中国人的沟通方式，说话时更注意场合和分寸。他新应聘了一家企业，还是做高管，但明显低调了许多。遇到与领导有分歧时，不再当众炫耀自己的高明，而是私下里再向领导阐明自己的观点。他能力本来就很强，平时又注意言语的分寸，不久后，他得到了新领导的破格重用，升任企业 CEO。

外圆内方法则：对方在意的，不是你沟通的内容，而是沟通的形式。

第六章

弱势沟通是低调谦逊的胸怀

第 20 计　背后夸人

> 背后夸人一句，胜过当面夸人百句。

前人故事：蔺相如礼让廉颇，终成将相和千古佳话

先贤一句话，胜读十年书。看似简单的沟通，背后却暗藏着一个民族的语言传统。什么是背后夸人？

上小学时，我学过的课文《将相和》，到现在这个年纪还没有忘。

故事大致是这样：战国时期，赵国人蔺相如奉命出使秦国，不辱使命，完璧归赵。不久后在渑池大会上，蔺相如又怒斥秦王，使赵王免受侮辱。归国后，赵王拜蔺相如为上卿，位列老将廉颇之上。

廉颇自认为战无不胜，攻无不克，有攻城野战的大功，所以对只凭口舌之利就爬到自己头上的蔺相如各种不满。公开宣扬：如果遇到蔺相如，定会要他好看。

于是蔺相如躲得远远的，上朝也常称病不出，与廉颇能不见面就不见面，天天大门紧闭，自我隔离。提出各种口号，"平时没事儿别乱跑，碰到廉颇不得了""今年过年不串门,来串门的是敌人,廉颇来了不开门""廉颇请吃饭,定是鸿门宴"……

把廉颇憋屈得想骂人都找不到地方,天天独坐家中,恨得咬牙切齿。

门客们对此愤愤不平。蔺相如说:"秦王我都不怕,岂能独怕一个廉将军?我们赵国之所以不被人轻视,就是因为有我和廉将军在。他是国之栋梁,也是难得的人才,如今只是一时意气用事。我俩二虎相争,必有一伤。我让着他,是为国家的利益,岂能考虑个人的荣辱得失?"

廉颇听说了这番话,无地自容,他脱光了上衣,身背着荆条上门向蔺相如请罪。由此留下了一段"将相和"的千古佳话!也留下了"负荆请罪"这个著名的成语。

前人故事:解狐举荐仇敌,有私怨不妨碍大义为公

只要不是"杀父之仇""夺妻之恨"这类根本上的冲突,通常情况下,背后夸人都能让原本势不两立的双方尽弃前嫌。不管什么时候,团结总比对立更好,"共赢"总要比"战胜"来得高明。

如果真有"夺妻之恨"呢?《韩非子·外储说》中记载了一个"解狐荐仇"的故事:邢伯柳拐走了解狐的老婆,解狐却推荐他为上党守。邢伯柳又羞又愧,登门拜谢。解狐曰:"举子,公也;怨子,私也。子往矣,怨子如初也!"这句话是什么意思?我为公而举荐你。背后夸奖你,不是因为你的人品,而是因为你的能力。但在我心中,私怨并不会因此而消除。

这番话说得够耿直了，也着实有些伤人，有"抢心灵金币"的嫌疑。邢伯柳怎么回应？一拜再拜，终生不敢再与解狐为敌。既然你背后夸奖了我，当面训斥我几句又有何妨？别说我是有错在先，就是毫无过错，你能背后夸人，也足以让我敬仰你的人品。

后人品味：能让人佩服的，往往不是你的能力，而是你的胸怀

现代职场上，如果同事之间有矛盾，怎样沟通才能尽释前嫌？当面夸人可能是虚伪的，谁都会对此有所防范；背后夸人则体现了真诚，所有人都会被你的善意所打动。

比如：一位同事私下里为你抱不平："老张真是个小气鬼，每次聚餐都不掏钱，总是让你买单，好像你上辈子欠他的……"这时候，如果你说："我早就看这臭小子不顺眼了！早晚有一天，你看我怎么收拾他。"这样在背后说人家坏话，你与老张迟早会仇深似海。本来的小矛盾也能发展为不共戴天之仇。

反其道而行之，应该背后夸人。你应该说："你不懂，这是老张和我不见外的表示。他这个人不拘小节，我倒觉得这种性格挺可爱的，值得深交。"

世上没有不透风的墙，你背后夸人的话传到老张耳朵里，他会怎么想？两个字——感动！四个字——热泪盈眶！不管他是多么高傲的人，不管他当初跟你关系有多差，改善关系，化敌为友，就在你正确运用弱势沟通的一瞬间。

现代职场上，哪有化解不了的深仇大恨？不过是今天你多涨一些工资，明天我的职位少升了一级；今天你抢了我的风头，明天我要找回一点面子。放到个人整个职业生涯的几十年来看，这些都是微不足道的小事。宽广的胸怀，却可使你终身受益。

有人说，有多大的胸怀，才能带领多大的队伍。能带领多大的队伍，才能成就多大的事业！这句话，我赞同。

实战场景：沟通中，如何化解别人的敌意？

前人栽树，后人乘凉。来看一下我们现代人"乘凉"的案例。

一位年轻学员在企业中得到破格提拔，从经理一跃成为部门总监，手下有上百号人，最难管的是原来的副总监。此人比许多副总裁资历还要老，工作经验也丰富，本以为自己是新总监的不二人选，却没想到被学员"抢了先"。

所以老副总监表面上服从公司决定，背后却牢骚满腹，处处不配合。他的几个忠心耿耿的老部下，更是明里暗里对学员冷嘲热讽、事事阳奉阴违。学员刚刚上任，眼看着工作就要开展不下去了，如果换作是你，应该怎么办？

常见的沟通方法，往往会激化团队的内部矛盾，伤人害己。

◉ 第一种：杀一儆百。别拿村长不当干部，这还有什么可考虑的？收拾不了老副总监我还收拾不了下面这些摇旗呐喊的小喽啰？开除一两个不就完了！但这样等于核心领导当面宣战，团队的内耗无法避免。团队乱成了一锅粥,你的职位也会朝不保夕!

　　◎ 第二种:擒贼擒王。治病要治病根,打蛇要打七寸。向公司投诉老副总监,争取把他扳倒!大家撕破脸,看看老板会偏向谁?这样会有好结果吗?更加不会!且不说会让团队元气大伤,员工无心工作。你一上来就这样清除异己,也只会让老板怀疑你的气量,看低你的能力。

　　◎ 第三种:先礼后兵。找个机会,和老副总监好好谈一次,义正词严阐明立场:"我尊敬你,是有前提条件的,你也要尊敬我这个新领导。大家相安无事最好,面子是互相给的,真要是给脸不要,也不要怪我对你这个昔日的老领导不客气!"这样沟通行吗?这样哪里是在沟通啊?分明是挑衅!好有一比,张飞在当阳桥头横枪断喝:"兀那曹贼,张翼德在此,你放马过来!"人家若真的过来,与你厮打成一团,这不是没事找事吗?

　　学员在几个方案之间举棋不定,打电话向我征询意见。我说:这些都不好,唯一有效的方法就是四个字——背后夸人。

　　弱势沟通才是消除职场摩擦最好的润滑剂,我一步一步地开导学员,用"共赢"而非"战胜"的思维来影响他。我问:"副总监平时有无可取之处?"学员说:"当然有,否则他也不会有那么多人支持。经验比较丰富,不少疑难问题他马上就能找到解决方案。对下属也很关心,谁有困难他都愿意帮忙……"

　　我接着问:"这样有能力的搭档,你是希望多一些还是少一些呀?"学员说:"当然是希望他能够留下来,但他对我不服气呀!"我说:"别人也许不服气你的能力,但你一定要让别人服气你的胸怀!用背后夸人,只需如此这般……"

学员在这次谈话之后，收敛了自己的傲气，对老副总监的种种暗中刁难仿佛视而不见，反而在大会小会上表扬他的能力和以往的贡献。

有一次，一名下属来请示工作，学员说："张总（老副总监）对这个问题怎么看？他在这方面经验丰富，应该先听听他的意见！"下属说："您是总监，您决定了就可以！"学员说："张总是我尊敬的老领导，许多方面都比我强。要是没有他的提携和帮助，我根本没有成长的机会。我能力一般，但还有自知之明，张总的意见就是我的意见。我相信他，希望你也相信他！"

办公室里，从来不缺善于察言观色的人，学员的这番话很快传了出去，老副总监听到之后多少有些惭愧，找了个机会主动与学员私聊。

学员一边亲自为他倒茶，一边诚恳地说："我年纪轻，经验又少，公司任命我坐这个职位，实在是强人所难。整个部门表面上是我当家，实际上还是您说了算。遇事我们一起商量，您要多指点！如果您同意，我可以向公司申请做您的助手，我们的职位调换过来也完全没有问题。"

如果是你，听到了这样的话会怎么办？你会"打蛇顺杆爬"吗？——"好啊！你也知道自己的能力不行，那你让贤吧，我来干！"有这么说话的人吗？这说的还是人话吗？再说，也没有这种可能性啊！公司不会答应。

你越是谦虚，对方就越不会不识好歹。人心都是肉长的，你已经成了他的上司，这是无法改变的事实。你又这么客气，这份胸怀就胜人一筹，老副总监心中十分感动，连连摆手："还是你们年轻人更有本事，比我更适合这个位置。我不多说，就是一句话，以后你怎么说，我就怎么干！"

> 背后夸人法则：爱恨之间有时只是一次弱势沟通的距离。别人可能不服气你的能力，却会服气你的胸怀。

实战场景：能让人肯定的，往往不是你的水平，而是你的态度

背后夸人在生活中随时随地都能应用，年轻人如果学会了，好处更大！分享一个我学生时代的亲身案例。

大学一年级各门基础课之中，唯一"打死我也学不好"的只有化学。我原来的底子就薄，见到各种化学符号，心里只有一个念头：不如杀了我吧，没有这么折磨人的！偏偏我还是学习委员，班长生病休学后，我又兼任了班长。但化学一直学不好，让许多同学笑话。

化学老师外号"灭绝师太"，属于那种用眼光就可以杀死人的严师。一次在课上说："学号8号的同学来回答这个问题。"我站起身来，气若游丝地回答："对不起，我不知道。"老师摆摆手让我坐下："学习委员来回答这个问题。"在同学们的笑声中，我又站起来："对不起，还是我，我还是不知道。"老师气坏了："班长来回答这个问题！"我干脆就不坐下了，带着生无可恋的表情，绝望地看着老师："您今天能不能放过我？"

同学们课后说：你完了！好死不死地撞到枪口上。杀人放火，也许还情有可原；你这种，属于罪无可赦。

怎么办？期末化学考试肯定要不及格呀！我真的没偷懒，也真是学不会，这下子还成了化学老师"黑名单"上的人。

可一次无意中的背后夸人，救了我的性命。化学课往往安排在上午第一堂，有一次，我早早地来到教室里，空旷的阶梯教室里，只有一位同寝室的室友在，我就与他有一搭没一搭地闲聊。

室友说："化学老师下手真狠，听说近一半的学生会被她抓去补考。是不是更年期啊？"我竭力为化学老师辩解："名师出高徒！我们虽不是高徒，但人家是名师。管得严一些，正是对大家的爱护。我倒觉得遇到了这样的老师，是我们一生的幸运……"室友说："你少来这一套。真被抓去补考，你就知道化学老师的厉害了。"我说："只要我认真地学习，我不相信她会那么不近人情，功夫不负苦心人嘛。"

门一开，化学老师走了进来。我不知道她有没有听到我与室友的争论，但我看到她扫视我时，脸上有了一丝难得一见的笑意。

期末，我化学考试居然及格了！过了最难的这一关，其他课程更是如履平地，门门成绩优秀，年年被评为三好学生，毕业时成了全校屈指可数的优秀毕业生之一。

如果当初有一次补考，这些荣誉就都不复存在了。化学老师当初有没有对我手下留情、特别关照？别问我，问我，我也不会告诉你。

背后夸人法则：背后夸人一句，胜过当面夸人百句。

第 21 计 尊重专业

团队内部有分歧,听谁的?要听专业的。

前人故事:孙权与陆逊的沟通高招,称霸江东源于君臣互信

先贤一句话,胜读十年书。看似简单的沟通,背后却暗藏着一个民族的语言传统。什么是尊重专业?

三国时期,英雄辈出。要论英雄,孙权此人不简单。曹操曾有一句名言:生子当如孙仲谋!宋代豪放派词人辛弃疾以此句入词,家喻户晓——"天下英雄谁敌手?曹刘,生子当如孙仲谋。"

让曹操另眼相看的孙权,刘备却并不重视,所以在夷陵之战中被孙权打得那叫一个惨,陆逊火烧连营,刘备白帝托孤,蜀汉从此大伤元气。

孙权为什么这么厉害?他懂得尊重专业。把举国兵马交给"无名小子"陆逊,疑人不用,用人不疑。只看人是否专业,却丝毫不考虑其名望和地位。

史书记载:夷陵之战过后,孙权对陆逊的专业权更加认可。认可到什么程度？当时吴国发给蜀汉的所有外交公文，均由陆逊把关！孙权给诸葛亮写完信，会交给陆逊修改。下级给上级改错？这种事不太常见啊！可孙权就做得出来。

陆逊改完了问："有无不妥之处，您再看一下。"孙权说："拿走，我不看！你比我专业，你改完我还看什么？我把大印放到你那里，你直接盖印发出就是。"

这是什么精神？这是每一个领导者都应该学习的精神。孙权尊重专业，把君臣互信做到了这种程度，在中国几千年历史上也堪称凤毛麟角，是典型的"黑天鹅事件"——我能力低不怕，我的团队中有高人就行了，我能发挥他们的最大作用！

只有这样了不起的孙权，才能领导同样了不起的陆逊。

前人故事：陈平与文帝的沟通妙语，太平盛世来自术业专攻

刘邦从一介布衣成为帝王，很有些福气。这离不开他手下的一位大谋士——陈平，此人曾六出奇计，数次帮刘邦死里逃生、逢凶化吉。陈平恐怕比张良还要牛，张良在没办法的时候都要向陈平问计，比如荥阳之围。

刘邦的儿子汉文帝也同样有福气，任用陈平做丞相，得以开创了"文景之治"的太平盛世。

史书记载：汉文帝有一次问陈平，国家一年要处决多少犯人？每年的收入又是多少？陈平说，我不知道！知道也不告诉你。

汉文帝当时就恼了："你这个丞相当得倒容易！每天就是喝喝茶、看看报纸啊？岂有此理！"陈平说："这不是你和我该管的事，有国家的公

安部和财政部具体负责，我们只要做到尊重专业就可以了。他们做得好就奖励，做不好就处罚。术业有专攻，奖罚分明，OK？"

汉文帝说："那我们干什么？"陈平说："着眼大局，不亲小事！坐看庭前花开花落，漫随天外云卷云舒！这样自然会政通人和，天下太平！"

文帝恍然大悟，深以为然。

肖阳点评：为什么要尊重专业？有福之人不用忙，无福之人跑断肠。

后人品味：让有专业权的人决策，才能发挥团队的最大效率

领导者虚怀若谷、尊重专业，才能成就一番事业。孙权和陈平的故事，岂不让今天一些管理者汗颜？有些人自己不专业，还不懂得尊重专业人士，放着清福不享，却非要去瞎指挥，搞得鸡飞狗跳、乌烟瘴气。我想问问这些人：你还有没有一点自知之明？

什么是"专业权"？简单讲，一万小时定律。最早由作家格拉德·威尔在《异类》一书中指出："人们眼中的天才之所以卓越非凡，并非天资超人一等，而是付出了持续不断的努力。1万小时的锤炼是任何人从平凡变成世界级大师的必要条件。"也就是说，假定某个人专注于单一领域，以一天工作8小时、一周工作5天计，最少需要5年的时间才能成为该领域的专家。

这很好理解：如果你刚学会开车两年，就到驾校去当教练，很有可能你的学员就要掉到沟里。为什么？因为有些情况你都没有遇到过。如果你连一天厨师都没当过，就敢写菜谱——一棵白菜放一桶盐，谁敢吃啊？

不看职位高低，不比权力大小，让专业的人决策，才能发挥团队的最大效率。

在职场上，遇到团队管理问题就更是如此，不知尊重专业，再强大的团队到了你手中，也会一事无成。曾经有学员问我：何为领导力？我说，简单讲，就是让专业的下属发挥他最大的能力。领导者不能高估自己，更不能低估团队。

实战场景：沟通中，如何减少夫妻双方的分歧？

前人栽树，后人乘凉。来看一下我们现代人"乘凉"的案例。

如果不懂尊重专业，家庭生活中，夫妻之间，就会矛盾不断。

刚结婚那几年，我在生活中比较尊重太太的专业。比如做饭。我经常出差，没时间下厨，做饭的水平很是一般。所以在太太做饭时，我谨言慎行，决不会站在旁边，告诉她油盐酱醋怎么放，因为人家做饭比我专业。不要干讨人嫌的事！她做好了饭，我从来也不会挑剔，给啥吃啥，一点脾气都没有。因为她无论怎么做，也比我做的好吃。我要是多嘴，没准连吃的都没有。

与之相反，我太太不太尊重专业，比如开车。太太在开车方面是不能说不专业，只能说很不专业。她当初学车就困难重重。一次考试过后，太太回家就说："老公啊，又挂了！"我问："哪个挂了？是科目一、科目二还是科目三？"她说："教练挂了。"我差点被她气死。据说，她在驾校只要一上车，所有人都马上躲得远远的。这是又气跑了一位教练。

刚取得驾照时，有一次，她开车与闺蜜去购物。闺蜜坐在副驾驶位置上说:"你看到前面那个人了吗?"她说:"看到了。"闺蜜说:"来,踩油门,撞死他!"太太说:"这样不太好吧?"闺蜜说:"知道不好,那你还不赶紧踩刹车?你在哪儿学的开车?"

轮到我这个有20年驾龄的老司机开车时,每次她都在一旁指指点点、表示不满,经常引发争吵。

我们还会因为减肥问题而产生分歧。因为太太在减肥方面也不专业。本来是很苗条的一个人,结婚后每个月雷打不动地涨一斤,涨了几年都不停。

有个另类的名词解释,什么叫"很重要的人"?就是你很重,我还要。看来,我和太太之间应该是真正的爱情。虽然感情很好,但还是要尊重专业。所以,每次太太指导我减肥,我一律不听。我说:有本事你先减!不用猜,这又是一次不欢而散。

在自己不专业、不了解的领域,不能瞎指挥,要尊重专业。后来太太终于明白了这个道理,契机,来自一次我们的亲身经历:

有一年春节,太太陪我回老家过年,给我小侄子发压岁钱,夫妻间又一次产生严重分歧:我想给一千元,太太说最多只能给二百元。我坚持:这回必须听我的!太太很不高兴。

长兄是大型律师事务所的创始人,收入要高出我一大截。看到我给他儿子一千,马上给了我两千。太太一看就兴奋了,小声对我说:"咱家不是还有本10万元的存折吗?要不然,也一起给出去?"

我说:你这是要抢钱啊!这回你怎么知道尊重我的意见了?我向太太解释:因为两家的情况不一样,我们家只有兄弟二人,收入尚可,而且第三代只有这么一个孩子,低于一千元实在拿不出手。她们家却是好几个兄弟姐妹,收入不高,给二百元不娇惯孩子,也对。

　　我因此提出了一个家庭管理规则,可以减少夫妻间 80% 的矛盾:不了解情况,就不随意决策,根据不同领域,谁更专业就听谁的!果然,这次之后,我们夫妻之间的沟顺畅了许多,颇有些琴瑟和谐的味道,竟让人恍惚之间有了些初恋时的感觉。

第 22 计　瑕不掩瑜

求全责备，天下无可用之人。

前人故事：不问短处问长处，齐桓公终成春秋五霸之首

先贤一句话，胜读十年书。看似简单的沟通，背后却暗藏着一个民族的语言传统。什么是瑕不掩瑜？

再讲一下齐桓公这个中国古代明君的典范。他能成为春秋五霸之首，不是没有道理的，因为他敢于重用浑身都是缺点的人。这个人就是诸葛亮的偶像——管仲。史书记载：孔明躬耕南阳，每自比管仲、乐毅。像诸葛亮这样的大神级人物，也不过将自己文比管仲，武比乐毅，可见管仲的厉害。

齐桓公还未继位之时，名曰公子小白，他与兄长公子纠争夺王位。先王去世，两人几乎同时从国外赶回，先到者为王。当时的管仲，是公子纠手下最重要的谋士，埋伏在半路上伏击公子小白，射了他一箭。公子小白装死倒在行，咬破舌尖，口吐鲜血，应声倒地，但其实箭只射中了带钩，

小白侥幸得保性命。

公子小白抢先回国，登基后第一件事，就是要诛杀管仲。历数了管仲三大罪状：

其一，贪财。管仲和朋友鲍叔牙一起做生意时，本钱拿得少，分红拿得多，厚颜无耻地占别人便宜；其二，惜命。管仲上战场，进攻时躲在后面，退却时跑在前面，典型的贪生怕死；其三，不忠。竟然敢射我一箭，要不是上天保佑，我还有命吗？此人不杀，这世上还有公理吗？还有王法吗？

重臣鲍叔牙上前劝解，您有所不知：其一，贪财是因为管仲家贫，多吃多占正说明其为人爽直，不与我假客气。其二，惜命是因为管仲孝顺，家有老母在堂，不敢轻易赴死。其三，当时争夺王位，大家各为其主，管仲虽然射中了您的带钩，但他也是可为您"射得天下"之人。人哪能没有缺点呢？欲得贤人，不可求全责备！

齐桓公属于"听人劝，吃饱饭"，好不容易得到"射得天下"的人才，岂肯轻易错过？闻听此言，马上放弃前仇，放低身段，亲自出宫迎接管仲，尊其为"仲父"，对其言听计从。

在管仲的辅佐下，齐桓公最终九合诸侯，开创霸业，成为名垂青史的一代明君。

前人故事：不吞小节吞大节，汉高祖收服治国安邦贤臣

作为明君，在中国历史上与齐桓公交相辉映的汉高祖刘邦。他是典型的白手起家，学历不高——文化水平不如同僚，年纪偏大——年过四十

初次创业，背景不深——祖上三代务农，但他创下的大汉基业却是辉煌无比。刘邦做事的原则就是瑕不掩瑜，在用人方面只看大方向，从不在意小毛病。

前文讲过，刘邦有一位大谋士叫陈平，六出奇计，安邦定国。传说陈平当年曾"盗嫂受金"，就是勾引嫂子、接受贿赂，人品那不是差，而是相当差、特别差，差到了姥姥家。刘邦当面责问他："我看起来就不像好人，没想到你陈平这样浓眉大眼的人，也干出这样的事，你简直是个人渣啊！还想不想好了？"

陈平说："您任用我是为了帮您出主意，就像养一只母鸡是为了下蛋，我下的蛋好吃就行了呗，母鸡长什么样，关您什么事？"刘邦听了哈哈大笑：你说得还真对！

有了陈平，刘邦在创业过程中顺风顺水。听从陈平之反间计，气死了项羽最厉害的谋士范增；听从陈平之奇谋，在荥阳突围中大难不死；听从陈平"四面楚歌"之计，把项羽打得一败涂地，乌江自刎。在夺取天下的大风大浪中，刘邦胜似闲庭信步，容忍了下属的缺点，间接成全了自己，这也许就是瑕不掩瑜的胸襟给他带来的运气！

后人品味：不以人之小恶而忘人之大美

齐桓公和汉高祖刘邦，如果说有什么共同点，那就是，面对专业人士，他们都是"弱势"的，他们不固执，听意见，对下属的缺点从不求全责备。这一"弱"实际上却强大到了极点。于是他们都成了中国历史上响当当的领袖。这使我想到，其实，在现代职场上，任何一个团队的领导者也都应该记住这样一句古训——岂能以人之小恶而亡其大美?

这句话来自齐桓公另一个更为精彩的故事:齐桓公早年遇到了一位经世济民、定国安邦的人才——宁戚,此人水平不在管仲之下。宁戚本是卫国的落魄文士,家徒四壁,无隔夜之粮。桓公与之交谈了几句,就慧眼识珠,当场任命其为大夫,进入核心领导团队。

旁边大臣劝阻:卫国离齐国不远,不如派人打听一下,如果他在当地口碑真的很好,再用他也不迟啊!这话也对,在现代人力资源管理中,这称为背景调查,是高级人才招聘必经的流程之一。

齐桓公说了一句让所有人都大跌眼镜的话:"**以人之小恶而忘人之大美,此人主之所以失天下之士也!**"这话是什么意思?齐桓公是说,如果宁戚真有问题怎么办?难道就不用他了吗?因为人才的小缺点就忽视其大用途,这才是老板找不到合适人才的真正原因啊!

肖阳点评:你可以不知道下属的缺点,但一定要知道下属的优点。何为瑕不掩瑜?没有缺点的人通常也没有优点。人才,往往是优点和缺点都很突出的人。

实战场景:沟通中,如何善意对待别人的不足?

前人栽树,后人乘凉。来看一下我们现代人"乘凉"的案例。

问个问题:如果下属向你提出的建议是错误的,应该如何对待?弱势沟通的答案是:不批评!来看一个现代实战案例。

李嘉诚为什么能长期稳做华人首富?他的价值观,我们姑且不谈,但他的弱势沟通可比你我想象的还要厉害。一次，李嘉诚外出见客户，穿着黑色的西服，却系了条红色领带。秘书连忙上前说："老板，从礼仪上讲，黑色西服应该配黑色领带。"

也对，您是首富呀，当自己是乡镇企业家呢？您怎么不再配一双塑料凉鞋呢？李嘉诚连忙点头称是，回去换了条黑色领带。但一上车，又从兜里掏出刚才的红色领带换过来。

司机一看有点糊涂，我们老板忘性大，这是鱼的记忆只有七秒钟？您是好这口儿还是怎么着？

李嘉诚看懂了司机的表情，他说了一番话，这番话背后有深刻的含义，是什么呢？

李嘉诚说："黑色西服的确应该系黑色领带，不过今天我见的客户，喜欢看我系红色领带，说这样显得精神……秘书的初衷是好的，如果我与他争辩，他一定以为我是在批评他，以后就不会再向我提建议了！一件事，眼前的对错并不重要，重要的是会对未来产生什么样的影响。"

说得不错，他对下属话语中的"错误"视而不见，对下属积极建议的善意却倍加珍惜。能从小事上，看到未来的影响，这才是领导者应有的眼光与风度。

管理离不开沟通，沟通往往是管理思想的体现。李嘉诚当年事业成功，并不是因为他生来有多么高明，而是作为一名华人，他在成长的过程中受到了中国传统智慧的熏陶和淬炼。《道德经》说："上善若水，水利万物而不争……夫唯不争，故天下莫能与之争。"

文化底蕴决定了一个人的管理水平！概括而言，中西方的管理思想有明显差异：西方人的管理往往是"有形"的，类似于武侠小说里的外家功夫，一招一式，有板有眼。中国人的管理则是"无形"的，是典型的内家功夫，春风化雨，润物无声。区别何在？学前者你也许学成个"金轮法王"，学后者则有机会成为深藏不露的"扫地僧"。

瑕不掩瑜法则：对于下属的"错误"建议，六个字——不辩论，不批评。

第23计　仇将恩报

用宽广的胸怀赢得人心。

前人故事：秦穆公亡马，沉没成本换来天降救兵

先贤一句话，胜读十年书。看似简单的沟通，背后却暗藏着一个民族的语言传统。什么是仇将恩报？

讲一个穆公亡马的典故。秦国为何能统一天下？是因为头开得好，早期最贤明的君主就是秦穆公，一举收服了周围十几个大大小小的部落，疆土扩大数倍，秦国才从一个边远的小国成长为人人敬畏的超级大国。

当年的秦穆公爱马如命，在岐山下放养了一批良马。有一天，山上下来一伙人，不由分说把马杀了个干净，一顿煎炒烹炸，大快朵颐，吃得那叫一个香啊！看马的士兵叫苦不迭，抓住了几个带头的送到穆公面前，说："大王啊，不是我们不用心看护马匹，只是这些人嘴太馋、手太快，我们撒尿的工夫，回来一看他们都吃完了。您看这一个个的，还满嘴流油呢！"

第六章 弱势沟通是低调谦逊的胸怀

如果你是秦穆公，应该怎么办？当然是"剁碎了，凉拌"！你吃了我的马，就不怕我吃了你？冒犯秦国，别说这些毛贼近在眼前，就是跑到天涯海角，也要追杀到底！

但马死不能复生，沉没成本已经"沉没"了，出气是最好的解决方案吗？

看一看优秀的老板是怎么做的：

秦穆公自是心疼，但事已至此，发火是没用的。就是杀了这批馋鬼也于事无补，还会树敌结怨，索性大方地说："只有马肉没有酒，怎么可以呢？寡人赐诸位好酒百坛，哥几个一定要吃好、喝好。"这些人本来抱着必死之心，没想到因祸得福，个个欢天喜地。

数年后，秦穆公与晋国交战，大败而归。被晋惠公一直追到家门口，重重包围。上天无路，入地无门，这可如何是好？忽然山上大呼小叫杀出一队人马，拿什么的都有，有拿农具的，有拿铁锹的，还有人扛着把大扫帚，偏偏勇猛异常，打退晋军，救出了秦穆公。

秦穆公大感意外："你们是何方神圣……是猴子派来的救兵吗？"众人答道："非也！非也！自从当初吃了您的马肉，我们个个都身体倍儿棒，吃嘛嘛香。今天终于找到报答您的机会了！"

秦穆公后来如何？当然是回得家去，"吃着火锅唱着歌"，继续他的千秋伟业。用"马命"换"人命"，这样的买卖换了谁，都会觉得分外划算，难道还不值得庆祝吗？

弱势沟通，秦穆公一次仇将恩报，挽救了秦国，可能也因此改变了中国的历史进程。

前人故事：楚庄王绝缨会，既往不咎赢得下属真心

中国历史上会"仇将恩报"的老板，都是了不起的人物。许多人都知道，春秋五霸之中有一个牛人叫楚庄王，所谓"不飞则已，一飞冲天；不鸣则已，一鸣惊人"，讲的就是楚庄王洗心革面、励精图治的故事。

这个雄才大略的老板是如何做事的？有个故事能说明问题，绝缨会。绝的意思是扯断，缨就是帽子上的红缨。

楚庄王有一次夜宴群臣。突然间一阵风吹过来，烛火熄灭，大殿上伸手不见五指。这时候楚庄王最喜欢的爱妃许姬过来说："大王，刚才有人借机对我动手动脚。"这还了得？楚庄王勃然大怒。

许姬说："但老娘也不是好惹的，顺手把他帽子上的红缨给揪下来了。"好，这时候只要看谁的帽子上没有红缨，谁就是那个犯人，这事非常简单。

但楚庄王马上发现不妥，揭穿此事容易，但如何善后？不能因为这个就诛杀大臣吧。所以楚庄王马上大声宣布："今天宴会为了尽兴，大家都把帽子上的红缨揪下来吧！"

几年之后，楚庄王兴师攻打郑国。郑国兵多将广，楚庄王陷入重围，眼看性命不保。危急时刻，楚军中杀出一员猛将，只身入重围把楚庄王给救了出来。楚庄王非常感动，问道："您哪位？我们以前不熟啊。"这人说："我就是在绝缨会上受您大恩之人。"

谜底揭晓！群臣暗中赞叹：怪不得人家是当老板的，高，实在是高！

楚庄王"仇将恩报"，最终救了自己一命。可见要得到死心塌地的下

属，弱势沟通是不二法门。

后人品味：计较小事者因小失大，不计前嫌者因祸得福

恩将仇报是小人之举，仇将恩报方显大人大量。想成就一番事业，没有广阔的胸襟是不可以的。

在我看来，秦穆公的精明远超现代经济学家。既然都马被吃掉了，属于"沉没成本"，那么至少要换回些什么，才不至于亏到姥姥家。穆公赐酒，弱势沟通几句话，就换回了千金难买的人心！这种小投入、大产出的投资，要是放到现在，完全可以去角逐诺贝尔经济学奖。

其实，秦穆公和楚庄王的仇将恩报之举并非绝响，在后世，他们还有一个很好的继承者，这个人就是汉高祖刘邦，堪称此道高手。

史书记载：刘邦初定天下，见群臣三五成群在树下议论。刘邦问张良，他们有什么事？张良说，很简单，他们准备谋反。刘邦大惊，还谋反？我们不是刚刚谋反成功吗？这回反谁呀？反我呀？

张良献计：群臣怕功大赏薄，故而暗中串联。重赏一人，可安军心。

赏谁呢？刘邦偏偏重赏仇人，加封雍齿为侯。此人原是刘邦的发小，但从小看不起刘邦，传说曾经撒尿和泥摔在刘邦脸上。长大之后随刘邦起兵，但不久后就叛变，把刘邦打得是屁滚尿流。虽然最终再度归顺，但刘邦恨他，是地球人都知道的事。

雍齿这一封侯，文武皆安心，群臣之中涌动的暗流瞬间平息。人人都在想：再不济我也比这个人渣强吧！刘邦简简单单一个仇将恩报，转眼间天下太平。

能当老大的，都要有好脾气！

肖阳点评：计较小事者，因小失大；不计前嫌者，因祸得福。

实战场景：沟通中，如何善意对待别人的过失？

前人栽树，后人乘凉。来看一下我们现代人"乘凉"的案例。

会用"仇将恩报"，团队天下无敌。下属的勇气与斗志，往往来源于上级的格局和胸怀。来看个现代案例。国内有本销量一度遥遥领先的杂志——《特别关注》，其中某期记载了这样一个鲜为人知的故事。

故事的主角是开国上将王震，《南泥湾》这首歌，写的就是抗日战争时期，王震将军率领三五九旅，在南泥湾开展大生产运动的故事——原来处处是荒山，现在遍地是牛羊。

解放战争初期，王震担任西北野战兵团二纵司令员兼政委。有一次，他孤身到前线视察，又累又饿，随手在炊事班的灶台上抓起个馒头吃了一口。不巧的是，炊事班长刚从别的部队调过来，不认识王震。上来就给了他一巴掌，怒斥道："你的良心让狗吃了？知不知道前线的战士们多长时间没吃上饭了？"王震一声不吭，把馒头放了回去。仗打完，大家告诉炊事班长：这回你可出名了，打的是王震司令员，你自己想想怎么办吧！

如果你是王震将军，应该如何处理这个"犯上"的下属呢？

炊事班长前来负荆请罪，没想到王震却哈哈大笑："我觉得你这个官儿当得小了，怎么只是个班长？这样关心战士的干部，最少也应该是个连长嘛，现在就走马上任！"

炊事班长一巴掌打下去，连升几级，此事在全军上下传为佳话。二纵士气大振，纵横天下，所向无敌。

让我们为王震将军喝彩！

弱势沟通的好处在哪里？用非常手段，得到非常人才。小时候学过一篇课文，题目忘记了，内容讲的是列宁表扬忠于职守、不让他进门的卫兵。王震的故事足可与之交相辉映。博大的胸怀、非凡的气度，让共产党人团结一心、百战百胜。

<u>仇将恩报法则：苟利国家生死以，岂因荣辱避趋之。</u>

第 24 计　过程授权

"只谈目的，不谈手段"，这是最有效的过程授权。

前人故事：三问皆不知，齐桓公敢于授权，才能成就霸业

先贤一句话，胜读十年书。看似简单的沟通，背后却暗藏着一个民族的语言传统。什么是过程授权？

如果让中国的史学家投票选出历史上最省心而且最高效的君主，那么春秋五霸之首齐桓公肯定高票当选。

《韩非子·难二》中记载了这样一个故事：有外国使臣要来访问齐国，外交无小事，下属为此专门向齐桓公请示：应该如何接待？我们齐国可是大国，不要失礼才好。

齐桓公说，这事我不懂，问我的仲父——相国管仲去。下属请示了三件事，齐桓公三次的回答都一样。别人是一问三不知，齐桓公倒好，来了个更刺激的"三问皆不知"。下属觉得十分好笑，您是复读机啊？就会这一句话？这么重要的事都不管，这老板当得可真容易！

齐桓公说出一句流传千古的名言：**为君者劳于索人，佚于使人**。这话是什么意思？是说，我是当老大的，只看结果，不管过程。"劳于索人"，找到管仲这样的人才很辛苦啊！既然找到了，"佚于使人"，那我也该授权给他，自己享一享清福了。操那么多心干什么？反正最后事儿办好了，功劳都是我的。

古代中国人有一个治国理想，叫"无为而治"。但真正能把这理想落实到行动的君主可不多，齐桓公是先行者、好榜样。好一个齐桓公！怪不得人家能"九合诸侯，一匡天下"，他的治国之道屡屡被后世研究，非常有借鉴意义。随便说几个齐桓公的"粉丝"，大家就能体会到他在历史上的热度——晏子、孔子、孟子、荀子、尉缭子、司马迁、贾谊、班固、曹操、诸葛亮、朱熹、冯梦龙……都是中国历史上声名显赫，大家耳熟能详的人物。每个人都研究过齐桓公的治国之道，发表过评价，都有自己独特的心得体会。

齐桓公的"三问皆不知"，在沟通上看似弱到了极点，在管理上，却强到了常人无法企及的高度。

前人故事：地肥草木茂，晋平公问计贤臣，领悟治国之道

无独有偶，孤例不证。为了说明什么才是高效的治国之道，《韩非子·难二》中还讲了这样一个值得深思的故事。

晋国君主晋平公是一个喜爱学习的人。有一天，他问左右大臣，齐桓公成就霸业的原因是什么？是臣子的功劳，还是君主的功劳？大臣坦言，肯定是因为臣子的能力强啊！齐国能人辈出，除相国管仲，还有好几位顶

尖治国高手，他们就好比一群能干的裁缝，一同把衣服做好，君主只要穿上就行了，难道还有君主什么功劳吗？——"衣成，君举而服之……君何力之有？"

旁边有一个人听了，趴在琴上哈哈大笑。列位看官可能会问，笑就笑，趴在琴上笑是什么情况？笑的这位可不是等闲之辈，而是有"乐圣"之称的中国音乐鼻祖师旷。大家可能不知道的是，师旷在音乐上只是业余爱好，劝谏君王、辅政治国才是真正的祖传的本事。师旷的祖先师永是周文王的老师，祖先师襄是孔子的易学老师。有人说，孔子尊崇的"天地君亲师"，其中的"师"，就是因师家而得名。

师旷说话，晋平公只有洗耳恭听的份。果然，师旷语出不凡——"君者，壤地也；臣者，草木也。必壤地美，然后草木硕大。此君之力也，臣何力之有？"这话说得再明白不过，没有能包容"滋养"臣子的君主，臣子的能力哪有施展的空间？君主与臣子，是土地和草木的关系，草木要茂盛，必须依托肥沃的土地；下属要发挥才能，必须有敢于授权的领导。

师旷的话，让晋平公动容。此后他尊老敬贤，充分授权，国家也日渐昌盛。看来，他才是一个真正懂得师旷"师"字含义的人。

后人品味：好的管理让下属感觉不到你在管理

古代贤明的君主都知道不应该随意干涉过程，要对下属充分授权，但在现代职场上，如何把这种管理理念落到实践工作中？

我个人的粗浅观点是，在布置工作时，上级应该"只谈目的，不谈做法"，这才是高效的过程授权。因为你提出的做法越多，下属的效率就越低。一方面，规定做法会局限他的思维，束缚他的创造力；另一方面，不同做法之间可能存在矛盾，会让人无所适从，反而会忽视了最终的目的。

想让自己成为最省心、最高效的领导吗？记住"过程授权"这四个字。越是好的管理方式，就越简明。

举例说明：布置工作时，只要把目的说清楚，就不要谈手段。比如客户来访时，你吩咐下属："去，到东面买个西瓜！"下属转了一圈，回来复命："东面没有西瓜。"你这个恨啊：东面没有，不能到西面去啊？弱势沟通指出：错误不在下属，而在你！明明你的目的是"西瓜"，却画蛇添足追加了"东面"这种手段，误导了下属。

下次客户拜访，你吸取了教训："到东面买个西瓜，如果东面没有，记得到西面去。"下属回来复命："东西南北都看了，没有西瓜。"你恨得把牙都咬碎了，不能买些其他水果？你让我两手空空对着客户傻笑啊？

错误在谁？还是你，为什么要说"西瓜"而不是"水果"？这样仍然会束缚下属的执行力。当然，水果也只是一种手段，直接谈目的最好。应该说："客户难得来一次，怎么让他高兴就怎么办！"没准，下属别出心裁，更让客户满意呢！

不要笑！这是很严肃的管理和沟通问题。只有在你说出目的之后，下属才能主动思考。上级规定的手段越少，下属的创造力越高。

"只谈目的，不谈手段"，这种过程授权还能防止出现"反向领导"的不利局面。何为"反向领导"？这是我在企业咨询过程中，发现并总结出的一种怪现象。简单讲就是下级领导上级：工作根本布置不下去，只要任务有一定难度,最后就会落回到管理者自己头上。

比如:你上午刚刚布置了工作,让下属到罗马去。下午下属回来报告:去罗马的路上遇到一条河,我没有翅膀,飞不过去。您有翅膀,只有您能过去。您看怎么办?

你还沾沾自喜,为什么都不长翅膀?关键时刻还得看我的!你呼扇呼扇拍着翅膀,自己飞去罗马了!——上午刚布置完的工作,下午又被下属"布置"回来了,整个团队就指望着你一个人。不知多少管理者干过这样的蠢事!自己天天累得要死,而下属却闲得要命。

那么,如何解决?我的方法很简单,还是那四个字——过程授权。多年前,我在某企业做高管,是"最没主意的人"。遇到重大问题,即使想出了解决方案,也不会直接说出来。我会召集主要团队成员开会,在会上提出这个问题,然后说:"我的脑子不太灵光,想不出办法。大家帮我出个主意。"

大家七嘴八舌,提出好几种方案,其中一种与我不谋而合,我就马上说:"你说得太好了!我怎么想不到?你出的主意,就由你去做!"

他出的主意他去做,下属会得到一倍的激励还是双倍的激励?当然是双倍的!主意出对了是一份功劳,做好了又是一份功劳。不多花一分钱,送给下属双倍"心灵金币",何乐而不为?反正大家的功劳再多,最终都得益于我领导得好。

更重要的是,防止"反向领导"!是他出的主意去罗马,如果遇到河过不去,他自己会千方百计设法过河,还是让我代替他过河?当然是自己过河！否则，就代表他的主意出错了。

下属有没有"翅膀"，这我不管。你摆渡过河，还是潜水过河，甚至修一座桥都行，自己去想办法！我过程完全授权。下属会使出 200% 的能力，来证明自己的主意是正确的。这样，许多工作就从"我的事"变成了"他的事"，执行力瞬间倍增！

我的团队业绩始终名列前茅，而我却经常"无所事事""闲得发慌"，活脱脱就是一个甩手掌柜。所有下属的能力，在外人看来都要"比我强"。其他部门的人疑惑，问我下属：你们那个傻瓜领导，为什么总有那么好的运气？

<u>肖阳观点：好的管理，让下属感觉不到你在管理。</u>

实战场景：沟通中，如何善意对待下属的聪明才智？

前人栽树，后人乘凉。来看一下我们现代人"乘凉"的案例。

只谈目的，不谈手段，才能做到"战术民主"。如何用一句话让团队执行力倍增？可以学一学李云龙。

问个问题，电视剧《亮剑》中的李云龙，抗战时是独立团团长，手下也就一千多号人，为何眨眼之间队伍扩大近十倍，能带领一万多人去攻打平安县城？

我们一起来看看李云龙如何高水平沟通：

剧中，八路军独立团分兵，连排各自为战，发扬"战术民主"，这是当初李云龙壮大队伍的高招。沟通时话怎么说？有这样一个镜头：李云龙深感部队缺衣少粮、武器落后，于是召集所有干部开会，进行了一次充分授权，只谈目的，不谈手段："凭什么鬼子汉奸喝酒吃肉，我们就喝西北风啊？从现在起，仗怎么打你们连排长说了算，摸营、挖陷阱、打闷棍……你们爱干什么就干什么！我这人没见过世面，吃的、穿的、枪炮、弹药……什么都要。"

几个月后，李云龙召集队伍验收成果，吓了自己一跳。兵也强了，马也壮了，过去见到一挺轻机枪都稀罕，现在连意大利炮都有了。参谋长张大彪带回来两千多人，还觉得不太好意思。李云龙不经意间已经成了师长，像土财主一样，神气得不要不要的。

按李云龙的设想，队伍能扩大到两三千人已经很了不起了，没想到是万人规模，比自己想象的还要高三倍。其实，这正是现代职场上所发生的事，只要会弱势沟通，下属的能力也许比你想象的高三倍！

为什么人民的军队能最终取得抗战的胜利？发挥集体的智慧和每个人的聪明才智，才能百战百胜。

李云龙的经验总结成一句话：会打仗，不过是匹夫之勇；会授权，才能指挥千军万马！

<u>过程授权法则：何为领导力？不是领导个人有能力，而是你作为领导，能激发出下属和团队的能力。</u>

第七章

弱势沟通是缜密清晰的逻辑

第 25 计　对比说服

以古喻今。借用前人的事，说服现在的人。

前人故事：十二岁甘罗对比式沟通，成为中国最年轻的相国

先贤一句话，胜读十年书。看似简单的沟通，背后却暗藏着一个民族的语言传统。什么是对比说服？

大家都知道，中国古时有一个非常了不起的孩子，名叫甘罗。此人 12 岁封侯拜相，被秦王嬴政（后来的秦始皇）拜为上卿，上卿相当于相国，是多少名臣猛将一生也达到不了的高度。缘何甘罗早早获得财务自由，成为中国少年儿童的顶级偶像？因为他会对比说服。

当年的秦王嬴政遇到了一个难题：秦国欲控制燕国，派遣大将张唐出任燕国相国。但张唐打死也不去：因为上任途中要经过赵国，而张唐得罪过赵王，生怕人家把他活捉了去。

嬴政只好让吕不韦去劝说，没想到也劝说不动。这个吕不韦可是牛人中的牛人，因为主编《吕氏春秋》而在中国历史上大大有名。关键是此人曾辅佐嬴政之父公子异人登上王位，是两朝元老，在秦国说一不二。没想到，张唐却十分的倔强，是"虎人中的虎人"，用东北话讲"二虎吧唧"的，谁的面子也不给。这让吕不韦非常郁闷。

这时候，门客之子甘罗出现了，对吕不韦说，我一句话就能搞定张唐。吕不韦正烦着呢："去去去，你一个小孩子来捣什么乱呢？站着还没有我坐着高呢！"甘罗说："谁说小孩子就不能成为老师啊？当年孔子还拜七岁的项橐为师，我都十二岁了，比项橐还大五岁呢！"

这句话就是对比说服，拿自己和古时的项橐对比。出语不凡，让吕不韦刮目相看，"那行，你试试看吧"。没想到，甘罗真的一句话说服了张唐。

甘罗问张唐："你跟武安君白起比起来，谁的功劳大呀？"白起此人，以司马迁为首的史学家对他评价极高，甚至不逊于孙子。白起一生攻取了100多座城池，秦国的天下有一半儿是他打下来的。

张唐还算有自知之明："我跟白起怎么比呀？人家号称战神，我在秦国顶多算是一盘蘸酱菜。"甘罗又问："白起与当时的相国范雎不合，范雎向秦王进言诛杀了白起。当年的范雎和现在的吕不韦相比，谁的权力更大呀？"

张唐想，范雎不过是个臣子，而吕不韦号称相父，那是秦王的干爹啊！所以实话实说，"范不如吕"。

甘罗用对比说服，揭示答案："事情不是很清楚了吗？当年白起得罪了范雎，被杀死在距离咸阳七里的地方。你的功劳没有白起大，却得罪了比范雎权势更大的吕不韦，你想死在哪里啊？别死那么远，不方便埋，就死在大门口好不好?"

张唐一听,吓坏了。他说,我现在就动身去燕国。

自己做不到的事情,一个小孩子竟然做到了,这让吕不韦对甘罗大为赞赏,遂奏请秦王,破格提拔,派遣他出使赵国。同样凭借一针见血的口才,甘罗又让赵王割让给秦国十几个城池,秦王因此拜甘罗为上卿。

对比说服法则:不比不知道,一比吓一跳。"摆事实"胜过"讲道理"。

前人故事:"职场自了"蔡泽对比式沟通,成为超大企业 CEO

甘罗所用的对比说服并非他首创,秦国当年的相国蔡泽才是此道高手、沟通神人。蔡泽,燕国人,落魄文士,穷得叮当乱响,传说此人穷到什么程度?经常有要饭的看他活不下去了,接济他一些粥饭。本来蔡泽想到秦国这家超大型"企业",谋个保安或是清洁工的职位糊口。却"一不小心"说服了当时的相国范雎,取而代之,一跃成为公司 CEO,位极人臣,财富暴涨。用的方法还是对比说服。

范雎此人相当了得,曾提出过"远交近攻"的谋略,是秦国统一天下"顶层设计"的最大功臣。秦昭王任用他之后,才开始雄霸四方。秦昭王即秦昭襄王。有人问:这两个秦王是什么关系啊?其实是一个人,活着时叫秦昭王,死后追封为秦昭襄王。当年范雎相国当得好好的,秦国突然来了个狂生,就是蔡泽。蔡泽说了,我没见到范雎,我要见了他呀,几句话他就得把相国的位置让给我,这可把学富五车的范雎气坏了。

第七章 | 弱势沟通是缜密清晰的逻辑

范雎想：什么人我没见过，什么书我没读过？自从盘古开天地，三皇五帝到如今，所有的管理方法我全会，诸子百家我全懂。我简直就是一个移动图书馆啊，我都想拜自己为师！把相国位置让给你？咱哥俩比画比画！

没想到蔡泽见到了范雎以后，用的就是对比说服。他问："您与商鞅、吴起、文种相比，谁的功劳更大、更厉害啊？"活着的人，范雎没有一个服气的。但这三个死人，范雎自知比不了，商鞅是秦国变法始祖，吴起是兵家鼻祖，文种则对越王勾践有救国救命之恩，范雎只好说："不如他们"。

蔡泽再问："现在秦王对你的信任，与这三个人当年相比，如何？"范雎也只能说："不如。"蔡泽用对比说服揭晓了答案："你知道这三个人是怎么死的吧？商鞅车裂，吴起肢解，文仲倒是全尸，但好像最终扔水里喂了鱼。你的权势比他们当初还大，看来只能千刀万剐了……"

范雎一听这话，马上想明白了："多谢指教！但我辞职了谁来接替我呀？"蔡泽说："这不是现成的吗？I can do it。"

范雎笑了："you can you up（中式英语：你行你上吧）。"第二天，范雎面见秦王请辞，功成身退，得保性命。

蔡泽继位相国，历任四朝，号纲成君。

后人品味：说不清楚的道理，通过比较就能说清楚

甘罗和蔡泽创造的对比说服法，实在是弱势沟通的一种好方法，常规方式说不清楚的道理,通过比较就能说清楚。还有什么好处?不要小看它,"唐宋八大家"中被后人称为"全才式艺术巨匠"的大才子苏轼,关键时刻就被这种方法救了一条性命。

苏轼一生中最凶险的时刻,就是因"乌台诗案"被宋神宗一怒下狱,随时都有被赐死的可能。值此危急时刻,包括前宰相王安石、苏轼弟弟苏辙等社会贤达纷纷上书欲救其脱困,但都没能打动皇帝——话没说到点子上。

史料记载,这时候,沟通高手出现了,宰相吴充问神宗,您觉得魏武帝曹操是什么人?神宗说,不值一提!吴充说,此人的确好疑多忌,但尚能容忍击鼓骂曹的祢衡。您比曹操大度,苏轼又比祢衡有才,您何苦要伤害天下读书人的心?

这种沟通的方式就是对比说服。看似说不清楚的事,一比较,结论就不言自明。神宗恍然大悟,改变了主意。这之后,苏轼被贬为黄州团练副使,写下了"大江东去,浪淘尽,千古风流人物"这样的千古名句。试想,要是没有吴充这样会说话的人,中国文化史上会少了多少璀璨宛若星辰的名篇?岂不让我们华夏后人百般心痛、万般叹息?

能用前人的事实来"说话",就不要苦口婆心地空洞说教。想让说服的效果更为显著?弱势沟通指出:"摆事实"总是比"讲道理"更高明。

学会说话时对比,还可以回应挑衅。姚明初到NBA,被西方记者刁难:"中国十几亿人,为什么找不出几个篮球巨星?"话语中透露着嘲讽。年轻气盛的人只会说,你看不起我可以,但不能看不起中国!姚明却是不急不恼,用对比来反问:"美国三亿人,为什么找不出一个乒乓球巨星?"

这就是典型的弱势沟通，善良但决不怯懦。此言一出，颇有古代名士遗风。

为姚明点赞！我们中国人从来不欺侮别人，但也不容许别人来欺侮自己。

实战场景：如何说服高高在上的人？

前人栽树，后人乘凉。来看一下我们现代人"乘凉"的案例。

有些人高高在上，往往自信心过于强大，听不得别人的意见。他们大多不是无能之辈，有水平，有成绩，所以有骄傲的资本，所以谁都看不上眼。活着的人，没有谁能让自己佩服的。死了的人，佩服的也不多。

- 他们的口头语是：我到了这个岁数，还需要别人来教育吗？
- 他们的口头语是：我这种身份还需要学习吗？又不是小学生！
- 他们的口头语是：你有什么资格来教育我？先到了我这个地位再说！

说服这种自我感觉良好的人，的确要有一些非同寻常的沟通本事。最有效果的，就是对比说服。

一位学员原来做房地产赚了不少钱，故而自信心过度膨胀。我在课上引用张瑞敏的话，"没有成功的企业，只有时代的企业"。不能把时代带来的运气，看成自己个人的能力。他对此不以为然，认为凭借自己"天才"的商业头脑，没有自己做不好的生意。

后来非要到北京去开自己并不熟悉的大型公关公司。这种跨行业投资，在战略管理中称为"非相关多元化"，实际上是相当危险的一件事。

我有心劝阻他,不要贸然进入这种已经竞争白热化的行业,但这个学员太强势了,怎样才能说服他呢?

相比财大气粗的学员,我虽是老师的身份,但弱势也很明显:没钱的人跟有钱人说话,往往得不到重视。好在,我有知识。

如何劝阻学员放弃这个不慎重的决定?有一天,我带着这名学员去找我的一个朋友。朋友在北京开了十几年公关公司,见多识广,堪称中国公关界的元老。大家一起吃饭,吃完饭以后,我问学员:"你觉得这位老总的能力是强还是弱呀?"

学员说:"能力很强,让人佩服!我自愧不如……"我说:"他的公司这两年已经开始亏损了,你的能力不比他强,行业经验不比他多,他尚且举步维艰,你凭什么认为,采取同样的商业模式,自己的结果会比他更好呢?"

聪明人一点即透,学员毕竟是摸爬滚打多年的企业家,一瞬间如梦初醒,马上收敛了傲气:"老师,我听你的……"又过了一段时间,学员特别来电话向我致谢,他说自己的一个朋友执意投资类似的公司,结果只见投入,没有产出,亏损得一塌糊涂。他庆幸自己当初听了我的话,躲过了一劫。

肖阳点评:弱者说服强者,要善于运用"对比",要借用更强者的真实案例。

第26计　正反说服

从正反两方面分析，产生双倍说服力。

前人故事：秦宣太后爱魏丑夫，庸芮从正反两方面说服，才能救人性命

先贤一句话，胜读十年书。看似简单的沟通，背后却暗藏着一个民族的语言传统。什么是正反说服？

分享一则名人轶事——**秦宣太后爱魏丑夫**，出自《战国策·秦策》。有人说，这两位我都不认识啊！电视剧《芈月传》想必许多人都看过。女主角芈月的原型就是秦宣太后。

电视剧中的芈月性格坚毅、一身正气，这是被美化了，因为励志片的主人公总不能太差。其实，晚年的秦宣太后是个刁钻任性的老太太，这样的老板十分难伺候，偏偏她还聪明无比，要说服她简直比登天还难。

太后晚年最喜欢的男宠名叫魏丑夫。此人名叫"丑夫"，实际上漂亮得不要不要的。喜欢到什么程度？太后说，我死之后，要让魏丑夫陪葬。

魏丑夫特别害怕,我招谁惹谁了,这不是草菅人命吗?

群臣都觉得此事大为不妥,但无人敢劝。老板一意孤行,要劝得不好,陪葬也算你一个。

常规的几种沟通方法都不行。

☙ 第一种:力劝。活人陪葬是陋习,太后不可滥杀无辜。这话是"抢金币"还是"送金币"?"抢金币",还抢得很严重,诋毁对方人格,这是找死。

☙ 第二种:煽情。当年花前月下,你侬我侬。须将旧时意,怜取眼前人。太后不可不念旧情啊……别说吟诗,就是唱小曲也未必管用。太后说,生不同衾,死还不让我同穴吗?

☙ 第三种:苦求。请念及丑夫上有八十老母,下有娇妻幼儿,就饶他一命吧。太后说,我早就看他们不顺眼了,这回一定要把这男人带走……

各种方法都不管用!幸好大臣庸芮是弱势沟通高手,他两句话把太后搞定了。

第一句正面说服:"太后,您觉得人死之后,是有知还是无知?"太后想了一下说,当然无知。庸芮说:"如果无知,那么太后让魏丑夫陪葬,又有什么意义呢?伤害了喜欢的人,对自己还没有好处,何必要做这样的事?"

太后想一想也对,但仍是不甘心,改口说:"我刚才说错了,应该是有知。"庸芮又来了第二句反面说服:"如果有知,先王在地下定会生气,太后带个小白脸下去,这是几个意思呀?太后自顾不暇,又怎么能与他人男欢女爱呢?"

太后一想，唉，是这个理呀……把魏丑夫放了吧！

庸芮两句话救人一命。他用的正反两方面来说服，产生双倍说服力，即使是辩论高手也招架不住。这实际上是一种诡辩，为什么？因为反过来说也有合理性。比如太后可以这么说：如果人死有知，我带着魏丑夫下去，不是挺开心的吗？如果人死无知，魏丑夫陪葬，先王也不会知道，那不也没有危险吗？

但乍一听，正反说服相当合理，一般人很难反应过来。即使如秦宣太后这样的聪明人，也被说糊涂了。

正反说服法则：设计一个两难问题，只说其"弊"，不谈其"利"，可以促使他人改变决定。

前人故事：有人为楚王献不死药，侍卫从正反两方面劝谏，才能死里逃生

再分享一个《战国策·楚策》中不死药的故事。

有人献给楚王一种不死药，说是吃了此药就能长生不老，福大命大。楚王旁边一名聪明的侍卫看不下去了，这不是胡说八道吗？总有一些巧舌如簧的人来骗我们老板的钱。以为我们楚国人都"很傻，很天真"啊？但如果直接去劝说，这事还真不好说清楚，所以侍卫干脆抢过药来，一口就给吃了。楚王勃然大怒："来呀，将这个胆大妄为之徒乱棒打死！"

侍卫会正反说服，说："你不能杀我。敢问大王，这不死药有用没

用?"楚王说当然有用。侍卫说,如果有用,我吃完反而被杀。这哪里是不死药,分明是"死药"啊!哪有什么"福大命大",应该是"福薄命薄"才是。楚王说,那这药没用。侍卫说,如果无用,我吃了无罪,为什么要杀我?

楚王一下子被问住了,张口结舌,无言以对,只能说,恕你无罪!略一思索,就知道自己这回又上了骗子的当,不由得恼羞成怒:"来呀,把那个献药的给我乱棒打死!"

肖阳点评:伴君如伴虎!生死就在一句话之间。不怕对方不讲理,就怕你不会从正反两方面分析。

后人品味:沟通中,要善于运用逻辑的力量

臣子们说服强势自信的君主,就如同现代职场上,下属想说服高高在上的领导,这属于向上管理的范畴,从来就不是一件容易的事,这种难题自古就有。当年孔子的弟子冉求身为季氏的家臣,不敢劝阻主君的错误决定,孔子大骂他"危而不持,颠而不扶",真是个没用的东西!这实在是不了解冉求的苦衷。

不会弱势沟通,老板哪是那么好说服的?只讲大道理而没有说话的技巧,没有严密的逻辑,这是比登天还要难的事!

从秦宣太后和楚王的这两个小故事,我们后人能悟出什么道理?那就是,正反说服在沟通中有"点石成金"的力量。这使我想起了一个小人物,他从籍籍无名到富可敌国,最初依靠的就是弱势沟通的语言技巧。

这个人就是当年的商人吕不韦，他后来为何能成为秦国的顶级权臣？因为他会正反说服！飞黄腾达，也是弹指间的事。起初，商人吕不韦找到了秦始皇他爹——在赵国做人质的公子异人，决定辅佐此人登基。

能看出秦异人"奇货可居"，眼光自然是好，但光有眼光可不行。实际操作中，吕不韦遇上了沟通难题：赵国不肯放人。异人不能归国，还谈什么继承王位？后面设想的一切都成了画饼。

吕不韦正反说服赵王，先从正面分析：秦王若想要攻赵，不会因为这个不重要的儿子就放弃霸业；再从反面分析：秦王若不欲攻赵，你总扣留人家儿子干什么？这不是没事找事、故意结仇吗？不如让我带他回去，他若登基，第一个感激的就是你！

这种沟通的句型就是正反说服。看似简简单单的几句话，一语中的，直指本质。用正反两方面的缜密逻辑，打消对方反抗的心理。中国有句歇后语说得好，这叫"胡同捉驴——两头堵"。正反两方面都是死路一条，还不当场缴械投降？结果，赵王放走了异人，不但异人登了基，异人的儿子嬴政，更是成了后来的秦始皇。赵王成全了他人，牺牲了自己。最后被人家来了一个天下统一。

吕不韦身价暴涨，富可敌国。他的聪明，首先就体现在这张嘴上。

实战场景：如何说服执迷不悟的人？

前人栽树，后人乘凉。来看一下我们现代人"乘凉"的案例。

职场上，总是能见到自视甚高甚至有些刚愎自用的老板，他们往往是最难说服的人。

🌀 下属提出合理化建议，老板不以为然："我吃的盐比你吃的饭还多，还用你来提醒我？你干好自己的工作比什么都强！"我冒昧地问一句，您没事吃那么多盐干什么？

🌀 下属引用专家的观点，提醒老板防范经营风险，老板说："专家都是纸上谈兵！听蝲蝲蛄叫还不种庄稼了？管理企业，是他懂还是我懂？"这明显是以没文化为荣了。

🌀 下属建议想清楚再行动，不打无把握之仗，老板却拿出指点江山的豪迈气概："等你想清楚，黄花菜都凉了！富贵险中求嘛……"

说服老板改弦易张，就要掌握正反说服的弱势沟通技巧，通过正反两方面分析，能产生双倍说服力。做得好，甚至可以挽救一家企业。

一位学员是某大型连锁药店的 CEO，企业下属的门店上百家，在当地名列前茅。前两年他遇到了一个难题：老板受了朋友鼓动，想要把所有流动资金都抽调出来，去投资一家 P2P 平台（点对点网络借贷），以期一夜暴富。现金流是企业的"血"，短期内大量失血，可能会导致企业"猝死"。

近年来，国家陆续清理整顿了几千家 P2P 平台。跑路、坐牢的老板比比皆是，害人害己。但在爆雷前，很少有人预见到这种结果，早期投资 P2P 带来的暴利，的确让做传统企业的人眼红。

"只见贼吃肉，不知贼挨打"，面对执迷不悟的老板，该怎么劝说？强势阻拦，会被老板批评"跟不上形势，没有远见"。袖手旁观，企业这条船沉了，学员作为 CEO 也不会有好果子吃。

好在学员在我的课堂上，已经学会了正反说服。

如何劝阻公司老板的错误决定？通过正反两方面分析，看似不易说清楚的事，马上一目了然。

他问老板：您说，投资 P2P 这个行业，赚钱还是不赚钱？老板说，当然很赚钱！有几十个点的纯利，我们零售业的利润跟人家没法比。第一次正面说服：学员说，如果赚钱，那恰恰是最危险的事，这会让我们荒废主业。守株待兔的故事大家都知道，农夫捡到了撞死的兔子，觉得比种田强多了，兔子却不是天天都有，最终田地荒芜，农夫饿死了。P2P 收益不稳定，如果为此丢弃原有主业，失去了大本营和根据地，那不是偷鸡不成蚀把米吗？再好的"兔子"，也赶不上自己的"田"啊！

老板若有所悟，但还是不肯认错，改口说 P2P 不一定赚钱。第二次反面说服：学员说，如果不赚钱，或者相当长一段时间内不赚钱，我们何必自讨苦吃？放着轻车熟路的主业不干，到陌生的领域去试错，成功的把握会更大吗？这不是"寿星老上吊——嫌命长"吗？

两句话说得老板哑口无言，再傻的人也听明白了。老板幡然悔悟，打消了原来的念头，在决策的最后关头踩住了刹车。

当地不少企业投资了 P2P，几年后落得血本无归，资金链断裂，濒临破产。学员所在的企业却蒸蒸日上，越来越红火，躲开了一场灭顶之灾。学员在关键时刻尽到了 CEO 的职责，因此被老板视为不可多得的良师益友。

<u>正反说服法则：提建议不能"拍脑袋"，因为你的脑袋没有老板大。正反说服，产生双倍说服力。</u>

第 27 计　同理说服

今天的我，就是明天的你。

前人故事：范座请信陵君拔刀相助，几句话保住自己性命

先贤一句话，胜读十年书。看似简单的沟通，背后却暗藏着一个民族的语言传统。什么是同理说服？

遇到"喝凉水都塞牙""人在家中坐，祸从天上来"这样倒霉透顶的事该怎么办？可以学一学战国时期的政治家和纵横家——魏国相国范座。

《战国策》记载：工作一向兢兢业业的范座，有一次却遇到灭顶之灾。赵王给魏王写信，说我最恨你的相国范座。如果你杀了他，我就给你百里土地。

魏王是个糊涂人，一看这事儿好啊，死个人能得这么多土地？这买卖划算啊！马上对赵王说：成交！我身边你还讨厌谁？我多帮你杀几个……这生意不能断啊，我特别愿意用人头换土地。

魏王回过头来问范座，你想怎么死？是自杀还是我杀你？范座很清醒，揭穿了赵王的阴谋：赵国一直嫉妒我们魏国是合纵抗秦的领袖，这是离间你我君臣之计。

可惜，范座清醒没用，魏王不清醒，见钱眼开，见利忘义，为了100里土地，别说杀一个相国，就是当面枪毙了他爹他都不心疼。魏王对范座说，你看看你这个人，说话总跑题！我是问你想怎么死？不是问你想不想死？谈谈吧，想要什么供品？祭祀时我让他们烧给你……

忠臣遇到了昏君，大多死路一条！但范座这个忠臣却非等闲之辈，岂肯坐以待毙？他巧用同理说服，说动了最有权势的人为自己求情，终于保全了性命。

在魏国，除了魏王，谁能比相国更有分量？还能有谁？当然是信陵君——公子无忌。

信陵君是一个了不起的人，作为战国四公子之一，他一生最精彩的故事就是"窃符救赵"，因此名扬千古。只不过，他对范座这件事的态度原本也是袖手旁观。很好理解，谁愿意没事找事呢？

信陵君对来求助的范座说：魏王的做法虽不妥当，但他是我的兄长，做弟弟的也不好阻拦。况且，这事和我也没什么关系……

范座说：怎么没有关系？我得罪了赵王，赵王用100里土地就要了我的性命。你别忘了，你得罪过秦王，如果将来秦王用200里土地来换你的命，到时候魏王又会怎么处理呢？今天的我，就是明天的你！

真是一针见血、直指人心！信陵君为之动容，冷汗都下来了。他说，这事你别管了，包在我身上！

信陵君面见魏王，只用几句话就让范座逃脱大难。不奇怪，他是魏王最宠爱的弟弟，兄弟俩还有什么话是不好说的呢？

如何让别人把你的事当成他自己的事，甚至比你自己还要上心？范座的同理说服，值得我们后人学习。

前人故事：谅毅劝秦王将心比心，一番话救了平原君兄弟

中国人的沟通智慧博大精深。无独有偶，《战国策》里还有一个类似的案例，同样精彩，同样耐人寻味。只不过这回换成战国四公子中的另一位——平原君赵胜，他也曾依靠同理说服逃脱大难。

当年，兵强马壮的秦国进攻魏国，取得大胜，各国均派使臣前去祝贺。秦王谁都接见，只有赵国的使臣，去了三次，被撑回来三次。这不是好兆头，看来秦王马上就要对赵国下手。

赵王惶恐不安。此时，平原君与左右大臣进言：想说服秦王，一般人没这个本事，只有赵国的沟通高手谅毅才能担此重任。

果然，当谅毅费尽周折见到秦王时，秦王第一句话就让他大吃一惊。秦王说：你知道全天下我最讨厌的人是谁吗？就是你们赵王最宠信的两个弟弟，平原君赵胜和平阳君赵豹。赵王不杀掉这两个狗东西，我马上兴兵灭赵！

这是个天大的难题！杀了平原君兄弟，赵国自断羽翼，早晚会亡国；不杀这二人，秦国现在就会灭赵。这是武大郎服毒，吃也是个死，不吃也是死，横竖都是死呀！

千钧一发之际怎么办？谅毅是平原君推荐的人，岂是无能之辈？他的

反应那叫一个快呀，真可称得上是迅雷不及掩耳之势。他马上用同理说服，一句话就把秦王问倒了。

谅毅说：让赵王杀了两个弟弟，这事不难。但若兄弟相残的先例一开，后患无穷！您不是也有两个弟弟吗？——叶阳君和泾阳君，他们很可能也会从此开始害怕您，担心有一天被杀掉，没准将来会因此谋反。你想想，表面上是赵国出了事，实际上秦国也是大祸临头！

瞧瞧高手的同理说服，不谈我，先谈谈你的问题。书中暗表，秦昭王对两个同母的弟弟爱如珍宝，谅毅的话一下捅在对方腰眼上，让秦王痛得倒吸一口凉气。他好半天才说：难道就这么算了？但我心中还是恨意难平！

谅毅说：出气还不简单？我先让赵王把平原君兄弟俩罢免官职，再让他们向您公开道歉，您看中不？

秦王大喜！你这人说话我爱听，你别走，我要重赏黄金千两！我在这里问大家，谅毅回国后会怎么样？这还用问吗，也被赵王和平原君重赏黄金千两。

学会同理说服有什么好处？谅毅一句话达到财务自由！看来，书中自有黄金屋，古人诚不我欺。

后人品味：你可以不在乎我，但不能不考虑你自己

同理说服的核心，还是前面讲过的"对方利益"，只不过更为高级，也更为具体。范座和谅毅的沟通之所以能够大获成功，仅用寥寥数语就打动了对面位高权重的人，使之改变心意，是因为其背后隐藏这样一个道

理——你可以不在乎我,但不能不考虑你自己。

"事不关己,高高挂起",是人性通病,很难避免。你遇到的困境,毕竟只是你自己的,如果你说服他人帮忙时只讲自己的难处,没有触及"对方利益",对方只表示同情已经算是好的了,幸灾乐祸、落井下石也并不少见。那么,如何让对方把你的事看成他自己的事,挺身而出、拔刀相助?掌握同理说服,你就会发现,连一向反对你的"对手"也会瞬间变成你的"友军"。

举个生活中的例子:夫妻之间,掌握同理说服,分歧和矛盾可以马上化解于无形。

我的一位朋友有一次遇到了难题,老母亲生病,他天天在医院陪护,无暇顾及妻儿。老婆的意见很大,与他大吵起来。常见的沟通方法都行不通,让我们模拟一下:

第一种,指责式沟通。"你妈生病时你跑前跑后,我妈生病了,我连照顾两天都不行吗?"这样带着情绪说话,只会激化矛盾。

第二种,威胁式沟通。"你怎么对我妈,我就怎么对你妈。你这样做,将来别怪我对你妈也不管不问!"这样说话,是奔着离婚拆伙去的。

第三种,哀求式沟通。"老人家一个人在医院,你看多可怜?我们能忍心撒手不管?"这说的虽然是事实,但也无法从根本上消解妻子的怒气。

朋友很高明,会用同理说服。他说:"我这样做,实际上是为了你!"妻子问:"怎么是为了我?"朋友说:"孩子都是有样学样的,我照顾我妈,实际上是告诉咱们儿子怎样才叫孝顺。现在我怎么对我妈,将来儿子就会怎么对你！你身体一向不好，老了谁照顾？孩子会学谁？我不能不先替你打算……"

这话一说出来，还有什么架好吵？老婆眉开眼笑："还是你这死鬼知道心疼我！算我当初没看错人……那你还不赶快去医院？"

实战场景：如何说服袖手旁观的人？

前人栽树，后人乘凉。再来看一下我们现代人"乘凉"的案例。

一位学员是某企业的中层干部，辛辛苦苦工作了十几年，在辞职的时候被企业刁难。人力资源部经理告诉他，辞职可以，你当初在股权激励计划中购买的公司股份，现在要退还给公司。

此规定也不无道理：要是每个辞职的员工都带走一些股权，企业将来拿什么来激励后续引进的人才？学员说："没问题！公司用什么价格回收股份？"人力部经理说："当然是你当初用什么价格买的，现在就用什么价格卖！"

这就有点说不过去了。公司发展迅猛，十几年间股权的价值增长了几十倍，原价回收，这不是欺负人吗？学员追问："难道我这么多年都白干了？"对方抛过来一个白眼："公司文件中早就写好了，谁让你没仔细看？"

这怎么办？学员第一个想法是诉诸法律，但打官司费时费力不说，能否胜诉自己也没把握。他找到自己的顶头上司——公司的一位资深副总裁——诉说委屈。没想到人家说，虽然同情，但自己爱莫能助。怎样沟通，才能让上司帮自己说话呢？

学员心中正感叹人走茶凉，准备黯然离去，突然想起课堂上学过的同理说服，也许这个沟通方法会有用。

他转过身来，对上司补充了一句话："虽然这是公司的规定，但也不合理！我的股份少，被欺负了也没什么。您可是公司元老，股份比我要多出许多，多出几倍也不止。您若有一天另谋高就，难道也同意公司这样对您？"

一句话就让上司如坐针毡，是啊，今天的我，就是明天的你，现在你不替我主持公道，早晚有一天会轮到你。这番话说得多么清楚明白！

此时替下属说话，一方面，可以为自己将来争取利益，另一方面也能改变公司的积弊，借着下属离职的机会，上司仗义执言，当然更好开口，此时不说，更待何时？

上司略一思考，马上转变了态度，他说："有道理！不能让劳苦功高的老员工都寒了心。你放心，我帮你向公司争取！"

学员最终得到了满意的补偿。他对我说，同理说服这个方法让他一生难忘。

同理说服法则：今天的我，就是明天的你。你不是为我，而是为你自己。

第28计　比喻说服

中国人最擅长打比方，一句话就能讲清楚复杂的道理。

前人故事：苏代止赵王伐燕，不过是打了一个比方

先贤一句话，胜读十年书。看似简单的沟通，背后却暗藏着一个民族的语言传统。什么是比喻说服？

讲一个——鹬蚌相争。接下来的话大家都知道，是渔翁得利。这是苏秦的族弟苏代，用来劝阻赵王攻打燕国而创作的故事，后来成了成语。

鹬（音同玉）蚌相争，说有个大水鸟，没事想占河蚌的便宜，偷吃人家的肉，一下被壳夹住了嘴。一鹬一蚌搁这耗上了。一个说，你撒开，要不太阳出来晒死你！另一个说，我就不撒，饿你小子几天，早晚饿死你！最后渔夫过来，把它们都活捉了去。

苏代讲完这个寓言故事，赵王听了哈哈大笑，世上还有这么蠢的家伙？苏代没拿好眼神看他："我是说你呢！你现在要攻打燕国，双方相持不下，强秦岂不是占了便宜？要三思啊！"

《战国策·燕策》中记载:"赵惠文王曰,**善!攻燕乃止。**"

各位看官,您看看,这事多么简单啊!用得着像写论文那样洋洋洒洒几万字,对赵王讲大道理吗?

再好的道理,也比不上一个活灵活现的比喻。我们中国人的成语,是几千年传承下来的沟通智慧。西方人羡慕都还来不及,你我华夏子孙还不倍加珍惜?

前人故事:苏秦阻孟尝君赴秦,无非是用了一个比喻

讲完苏秦的弟弟苏代,我们再来讲一讲苏秦本人。有时,只要讲一个故事,讲得好就可以达到说服对方的效果。

《战国策·齐策》中记载:有一次,孟尝君要到秦国去。这是羊入虎口的愚蠢行为,整个齐国有一千多人前来劝阻,他都不听——"**止者千数而弗听**"。你可以想象一下,孟尝君当时有多么固执。

这时候,音乐响起,沟通大师闪亮登场!谁啊?苏秦呗,他不叫大师,谁敢叫大师?孟尝君一见苏秦,气势上先矮了三分,他说:"我知道你要说什么,此事我心意已决,你不用劝我!"

苏秦说:"臣不劝你,臣给你讲个故事……"这个称呼是对的,原文中就是如此,因为孟尝君当时的地位更高。

苏秦说:"臣来的时候,在河边上听到一个泥偶和一个木偶在说话。木偶嘲笑泥偶:一来大水,你这货就散架了,稀碎稀碎的,都找不到尸首。泥偶回应木偶:我死也死在家乡故土,你呢?一来大水,冲姥姥家去了,连自己死在哪儿都不知道,给你烧纸都找不到坟头儿……"

苏秦讲完了这个故事，孟尝君哈哈大笑：你讲得真有意思！苏秦脸色一变说："臣不是哄您开心来的，我只问您一句话，您是要做木偶还是泥偶？何必非要远离故土、身死异乡呢？"

孟尝君无言以对，思考一番，深以为然，终于打消了去秦国的念头。

从这以后，一向老实做人的孟尝君也学会了比喻说服的本事，遇事经常说："这个问题很简单，来，我先给你讲个故事……"

后人品味：专业咨询师必备的沟通素养

苏秦和苏代兄弟的沟通故事，对我们后人有现实的借鉴意义。问一个问题：我们中国人说话时有什么独特优势？使用成语！成语是我们祖先留下来的独一无二的财富。通过使用成语，可以言简意赅、一语中地说明比较复杂的问题。

南辕北辙这个成语，中国人都熟悉。它最初是用来说明一个关乎国家存亡的问题。《战国策·魏策》中记载：魏王要破坏联盟，兴兵攻打兄弟国家赵国，这是亲者痛仇者快的事。战争一起，赵魏必然会被强秦各个击破。大臣都想劝阻，但没人能讲清楚其中的道理。

有位大臣是沟通高手，他给魏王讲了个故事："我上次在路上遇到一个人，想去南方，却驾车向北。我说：你走错啦！他说：没事儿，我的马快。我说那没用。他说没事儿，我路费充足。我说：还是不行。他说：没事儿，我的车夫技术好。大王您看看，这人多可笑！"

魏王懵了，你想说啥？大臣说，您要称霸天下，虽然兵精粮足，那也是没用的！要是同盟内部先打起来，打下来的土地越多，您离霸业越远。

这不和"南辕北辙"是一回事吗？

魏王恍然大悟，赞叹道，你小子挺有本事啊！

什么是最好的沟通？个人以为，在沟通中要体现善意。那么怎样表达善意？其中最基本的一条，就是每句话都要让对方听懂！

国内排名靠前的几家管理咨询公司，我都做过他们的高级合伙人。咨询行业有个通病：有些"专家"总是故作高深，与客户说话时大谈特谈名词、概念。

弱势沟通指出：名词、概念不是不可以有，但不要超过5%的比例，而且后面要用通俗易懂的话加以说明。超过5%的比例，你就是在抢客户的"心灵金币"。潜台词是：你看，你多么无知！而我多么高明！名词、概念不足5%，甚至全部都是大白话，则会让客户轻视你，觉得你也没什么了不起。

客户的水平总是参差不齐的，有一次我去一家企业做内训，随口说了一句"不能对下属不教而诛"。结果下课时有学员专门来问我，什么叫"不教而诛"？我吓了一跳，但此后讲课时，只要是遇到别人可能听不懂的地方，我都会加上了"简单说"三个字——我把之前那句改为这样说："不能对下属不教而诛。简单说，就是不告诉人家错在哪里，就进行严厉处罚，那样不好。"多说一句"简单说"，就能体现你的善意。

最好的"简单说"，是用一个比喻。比如，当年有一位客户咨询我：他朋友的工厂倒闭了，剩下来不少机器，他觉得浪费了可惜。问我可不可以利用这些便宜的机器来开一家新工厂。

只有这么微不足道的优势，就要冒险进入一个陌生的领域？我被他这种见便宜就上的想法搞得啼笑皆非。但如何说服客户？一时半会儿要说清楚，还真不容易，只好用了一个比喻。我问，你小时候上过学吧？客户说，是啊！我说，你的想法就好比上学路上捡到一把梳子，马上就改学美容美发去了，这是一样的道理。

客户哈哈大笑，您这么一比喻，我就全明白了！

实战场景：如何把复杂的道理瞬间讲清楚？

前人栽树，后人乘凉。来看一下我们现代人"乘凉"的案例。

学会打比方，才能成为一名合格的企业咨询师。

有一家民营集团公司，老板是农民出身，没有太多的文化。但他的学习意识很强，专门跑到北京，到高校研修班学习，并且课后请我和我的团队为企业做战略管理咨询。

经过了几个月的辛苦努力，项目结束时，咨询项目组向企业提交了最终的咨询方案文件。但在汇报会上却出现了问题，项目经理对方案的说明，客户根本听不懂！

项目经理曾在国外留学多年，也有国际著名咨询公司的从业经历，专业水平无可挑剔。但在方案中，他引用了大量表格、图形、数据，本来就让人看起来很吃力，偏偏他解释的话中，又夹杂了不少的专业名词和术语，听得所有人都昏昏欲睡。

三个小时的汇报结束，现场的人都是一头雾水，面面相觑。最后企业老板起身小心翼翼地对我说："这套方案很有水平，但我们水平不高，老师您作为项目总监,能不能用几句话概括一下方案的核心内容?"

几万字的内容,看一遍都要花上几个小时,用几句话概括出来?我想了一下,真没有别的办法,只能用弱势沟通的比喻说服。

我说:"集团的战略转型问题,和农民种地是一样道理。有三个关键环节需要注意:一是选种育种,二是播种施肥,三是防病除害。首先,集团过去对项目的选择出了问题,这好比选种没有选好,而项目开始的时机也不成熟,这就好比育种的时间不够,种子发芽会出现问题……"

企业老板小时候干过农活儿,等我讲完什么是战略上的"播种施肥",什么是"防病除害",他一听就全明白了,不禁面露喜色:"原来这么简单啊,这下我对整体思路就完全有把握了!"

咨询项目其实并不简单,否则还需要花大价钱请专业人士来吗?但越是面对复杂的问题,你越要学会用简单的比喻。

比喻说服法则:不比喻,费口舌;用比喻,更清晰。

第八章

弱势沟通是知雄守雌的从容

第 29 计　明挡暗箭

事先防范，让进谗言的小人碰个钉子回去。

前人故事：要保命防身？这一招可以学一学古人

先贤一句话，胜读十年书。看似简单的沟通，背后却暗藏着一个民族的语言传统。什么是明挡暗箭？

在我国的东晋时期，发生过一个少有人知的故事。

当时有一句话——"王与马，共天下"，"王"是指两位重臣王导、王敦兄弟，"马"是指晋朝皇帝司马睿。司马睿特别倚重这哥儿俩，说咱们一起治理天下。王氏兄弟在中国历史上大大有名，刘禹锡诗"旧时王谢堂前燕，飞入寻常百姓家"，其中的"王"指的就是当时权倾天下的王氏家族。

只是功高震主毕竟不是件好事，后期皇帝开始怀疑王氏兄弟中的弟弟王敦谋反，所以派自己的亲信大臣去外地监督他。皇帝当年身边有左膀右臂，让"左膀"出去监督，"左膀"却不敢去，为什么？他在朝中最好的朋友就是"右臂"，但这个朋友却始终嫉妒他——为什么你总压我一头？只要"左膀"一出京城，"右臂"一定会到皇帝面前说他坏话，"左膀"很容易不明不白地死在外面。

"左膀"怎样才能保住自己的性命？常规沟通方式有三种，都行不通：

其一，请"右臂"吃大餐，并备上重礼，酒酣耳热时恳切拜托："老哥出去以后，全靠兄弟在圣上面前美言，你我多年兄弟，可千万不要说我坏话……"

这样行不行？肯定不行。既然他是小人，在下手的时候就决不会因为友情而心慈手软。

其二，给皇帝"打预防针"："我主圣明，臣远赴虎穴，忠心可表天地，倘若有人说我坏话，您可千万别信……"

这样行不行？当然也不行！你在皇帝身边时，谁说坏话也没用。离开的时间越久，信任感越低，也许一句坏话就要命。皇帝当时一定会答应，过后一定会失言。这样的事例，在中国历史上并不鲜见。

一位学员是某国有大型银行省行行长，他在课堂上提出了第三种答案，他说："我会申请和右臂一同出差，这样不就没人说我坏话了吗？"

这样也不行，因为当时的情况是，皇帝担心身边没人，"左膀""右臂"不能都走。而且事关重大，只能"左膀"去，"右臂"不够资格。

这就是两难困境了：走，没有保命的万全之策；不走，是抗旨不遵，下场也是大大不妙。怎样保住性命？只能用明挡暗箭。这时，有门客前来献计："大人何须如此烦恼？只要如此这般……"

"左膀"出征的时候，皇帝率文武百官送行。皇帝敬的酒，"左膀"喝了，百官敬的酒"左膀"也喝了，最好的朋友"右臂"敬酒，他却坚决不喝。

"右臂"当时就急了："论官职，我比别人更高。论交情，我比别人更深。为何他们敬酒你喝，我敬酒你不给面子呀？""左膀"二话不说，直接把酒泼在"右臂"的脸上，拂袖而去，踏上征程。

过了没多久，"右臂"果然到皇帝面前说"左膀"的坏话。皇帝怎么说？皇帝说："他不就是泼了你一杯酒吗？你为什么总说他谋反呀？你真小心眼儿……"活活把"右臂"气死了！

肖阳点评：人无伤虎意，虎有害人心。明挡暗箭是职场上的"缚虎之索"，要善用此法，让老虎动弹不得。

后人品味：害人之心不可有，防人之心不可无

小人，是你在职场上一定会遇到的人。

🌀 他们往往是游手好闲的，所以你在埋头工作时，他们有大把的时间，对你"鸡蛋里挑骨头""功劳里找过失"。

🌀 他们往往是围着老板转的，所以你取得成绩时，他们会先一步抢功，拿走本该属于你的奖励。

🌀 他们往往是能力不足的，所以你越出色，就越显得他们无能，所以对你仿佛总有与生俱来的、不可化解的深仇大恨。

在职场上，我们工作加班加点甚至彻夜不眠，用辛苦汗水换回来的成绩，常常会被一句谗言而轻易抹去，这岂不让人痛心疾首？不少人都曾

遭遇"暗箭"。"暗箭"最阴险的，就在这个"暗"字，一心扑在工作上的你，哪有心思天天琢磨别人？但小人有这个心思，他们以此为生。俗语说：不怕贼偷，就怕贼惦记。

最防不胜防的小人，就是那些伪装成你"朋友"的人。他们有如凶狠猛兽，蛰伏在阴暗角落里，一不留神就要扑上来咬你一口。在职场上，要"既善谋国，也善谋身"。忠臣不是谁都可以做的！做忠臣就要比奸臣还要"奸"，要懂得保全自己的方法。

弱势沟通中的明挡暗箭，对我们的好处在哪里？可以不露声色地保护自己！何为明挡暗箭？事先在领导面前暴露一些小矛盾，让小人无法假借"朋友"的身份来陷害你。巧妙的是在这个"明"字上，只是一种防范，谁都看得出来，但谁都不解其意。只有受到攻击时，威力才会显现。

古语云：岂有奸臣在内而名将在外能建功者？欲成大事，必先除奸。明挡暗箭看似简单，却通晓人心，是一种心理学的技巧。所有老板都有这样一种心理：最怕被人当枪使，如果在不知不觉中被下属利用，他们会觉得十分羞耻，大大地丢失了"心灵金币"。

所以，与其与小人争论每件事的是非曲直，不如直接让老板怀疑他攻击你的动机，这就是"以其人之道，还治其人之身"的高级沟通技巧。

实战场景：在职场上，如何避免小人的暗算？

前人栽树，后人乘凉。来看一下我们现代人"乘凉"的案例。

在现代职场上，如何避免被人暗中陷害？我的经历可能对你有用。我当年之所以能侥幸逃过劫难，就是因为我学会了模仿古人。

我年轻的时候，曾在某企业集团做中层管理干部。一年内连升三级。一些同事心理就有些失衡。当我从企划部副经理升为营销副总监时，最嫉妒我的人就是营销总监。

刚开始，他总是担心我的职位超越他，后来也恰恰如此。只是营销总监是一个城府很深的人，他经常到老板面前夸奖我，表现得像私交很好的朋友。公司里只有少数人知道，我的存在让他寝食难安。"朋友"说坏话总是比敌人说坏话，更有杀伤力，如果不能解决这种隐患，工作再努力，我在职场上也将很快走到尽头。

问题是，高高在上的老板并不十分了解营销总监的人品，那我该怎么办呢？

用明挡暗箭，可以让职场小人自己暴露。

有一次，因为业绩出色，老板为我们庆功，专门请我与营销总监吃饭。我是不胜酒力之人，喝一瓶啤酒就会上头上脸，所以只为自己倒了一杯。而营销总监更是滴酒不沾，也许是因为过敏，他甚至只要喝上一口白酒，就会当场钻到桌子底下口吐白沫。所以，营销总监只为自己倒了一杯牛奶。

这就是个稍纵即逝的好机会！我临时提议："这么好的气氛，喝奶多让人泄气！营销老总要有霸气，今天不醉不归。"说完，抓起他面前的杯子就把牛奶泼到地上，强拉硬拽地给营销总监倒上一杯酒。

营销总监大为恼火，与我争执得面红耳赤。这一切都被老板看在眼里。

过了没有多久，营销总监果然到老板面前说我坏话。

老板怎么说？他说："人家不就是泼了你一杯牛奶吗？你为什么这样小肚鸡肠？"从此，对此人印象大打折扣。

营销总监颇不甘心，后来又多次找机会去说我的坏话，这让老板十分闹心，最后干脆把他调到其他部门，"打入冷宫"了事。

害人之心不可有，防人之心不可无！这恐怕是我在职场上学到的最有用的知识之一。

多读些历史总是有好处。

我这样愚笨的人，也能够从中受益。

明挡暗箭法则：对付职场小人要早埋伏笔，不发动攻击，大家相安无事。一发动攻击，就让他碰个钉子回去。

第30计　求田问舍

职场上,"胸无大志"的人,更容易获得信任和权力。

前人故事:秦将王翦"胸无大志式"沟通,建功立业

先贤一句话,胜读十年书。看似简单的沟通,背后却暗藏着一个民族的语言传统。什么是求田问舍?

没有信任就没有权力!分享一个秦国老将军王翦的故事。

公元前224年,秦王嬴政欲消灭统一天下最强劲的对手——楚国。问名将王翦:"老将军打败楚国需要多少人马?"王翦说:"最少60万人。"再问年轻将领李信:"你需要多少人马?"李信说:"20万人足矣。"

李信带兵到了楚国,全军覆没。回来跟秦王说:"老大啊,没了……"秦王这个恨呐,再问王翦:"这回你需要多少人马?"王翦说:"还是60万人。"秦王一咬牙一跺脚,如卿所愿!

王翦率领大军进攻楚国,沿途要走一个多月,行军途中他每天必做一件事:写信给秦王要求封赏。今天说:"我要退休了,家里财产不多,您

赏点土地呗。"明天说:"我家里子女多,房子不够住。公司福利分房,再给我一次机会吧!"

搞得副将们在一旁都看不下去了,大家劝谏:"老将军,您要是打下了楚国,秦王的赏赐还会少吗?您这样没皮没脸地要钱,不怕朝中同僚笑话吗?"王翦说:"同僚笑话倒不要紧,只要秦王不猜忌我就可以了。"

王翦率领举国兵马出征,秦王最担心的是什么?不是打了败仗,而是自立为王。你越是要"小钱",显得胸无大志,秦王就越放心。你不知道秦王每天见到王翦奏章会有多开心:"原来这个老家伙就这么点要求!完全可以放心。"

这相当于每天偷偷送"心灵金币"给老板,让他安心。秦王恨不得睡觉时都枕着这几份奏章,做梦都能笑出声。

这就是成语"求田问舍"的来历。所谓求田,就是要土地。所谓问舍,就是要房子。王翦用这种"胸无大志"的沟通方式,获得了秦王绝对的信任,拥有了足够的决策权,没有出现因为上级不放心而处处掣肘的不利局面。

最终,王翦一战功成,拿下楚国。

肖阳点评:在职场上,不能要求上级无条件的"绝对信任",有时需要把自己的"短处"主动上交来换取信任。

前人故事:汉相萧何"自甘堕落式"沟通,善始善终

刘邦是中国历史上危机感最强的老板。

这或许是因为他出身贫贱，声誉不佳。据说当年斩白蛇起兵之前，大家原本推举的首领是萧何。人家是根红苗正的政府公务员，而刘邦则不过是没有正式编制的泗水亭长，而且名声不佳。

不过，也许是"秀才造反怕杀头"，萧何这个文化人最终还是将位置让给了刘邦。

这与我的一位朋友颇为类似。他是某小微企业的老板，却把公司法人让给他七十多岁的老父亲去做。我说，你这是要"坑爹"呀？

刘邦不怕"坑"，只要能当"爹"。对萧何的相让之情甚为感激。但即便如此，仍是不免猜忌。

刘邦在前线作战与项羽争天下，废寝忘食，还不忘加封坐镇后方、日理万机、声望日隆的"大管家"萧何。

下属们纷纷来萧何处道贺："汉王如此信任您，真是我辈臣子的福气。"萧何不发一言，剃个大光头，换上光鲜丝绸长衫，摇着纸扇就出去了，见人就出言无状。

大家惊慌失措，有人到前线报知刘邦："坏了，坏了。老丞相学你……"刘邦怒不可遏："这是开什么国际玩笑！"，心里早就乐开花了——你的声望终于比我低了，从此对萧何再无猜忌。

汉朝建立之后，功高震主的韩信、英布等异姓王侯皆被诛杀殆尽。萧何却辅佐汉惠帝而善终，谥号"文终"。

求田问舍者，方可有始有终。

肖阳点评：在职场上，你的声望可以高，但不能高过老板。老板的声望上不去，你的声望就要降下来。

后人品味：胸怀大志与通晓人心并不矛盾

在中国的历史上，王翦和萧何可谓后继有人，其中做得最好的应该就是那位大家最熟悉的"弱势群体"代表——刘备。他在曹操面前表现出来的隐忍，至今仍被许多人津津乐道。

刘备是职场上最能通晓人心的人。三国时期，刘备曾在曹操手下当差。表面上备受礼遇，实际上随时有丧命的危险。于是他开始去后园种菜，关心粮食和蔬菜，关、张二弟大惑不解，追问："兄不留心天下大事，而学小人之事，何也？"

别说关、张看不懂，就连曹操也一头雾水，上了刘备韬晦之策的当，以为人家胸无大志，最终放虎归山，三分天下，其实，刘备用的方法古已有之，学的就是秦国老将军王翦的"求田问舍"。

在职场上，要高调做事、低调做人，体谅上级的顾忌与隐忧，不要处处显露你的"野心"。否则就获得不了信任，当然也就得不到足够的权力。为什么"求田问舍"？因为胸怀大志与通晓人心并不矛盾。

在职场上，被上级无端猜忌的事屡见不鲜。这当然有些残酷。说好的信任呢？真诚呢？人与人之间为什么要这样复杂呢？都是权力惹的祸！要是没有权力转移，上级才不会猜忌你，他也是身不由己。

所以有人说，真正的授权是企业中最难做到的事。刘备临终托孤时不还在试探诸葛亮，"若嗣子阿斗可辅，辅之；如其不才，君可自取"。诸葛亮听了惶恐不安，痛哭流涕。

想要上级信任你，你总要有个能让他信任的样子。

为何会"飞鸟尽,良弓藏"?为何会"狡兔死,走狗烹"?因为职场上许多人曾在无意中让老板恐惧或者不安。这不是某一个老板的心态,这是当老板就会有的心态。

想建功立业,先要活下来。

能活到最后的,往往都是会"求田问舍"的人。

实战场景:在职场上,如何避免上级的猜忌?

前人栽树,后人乘凉。来看一下我们现代人"乘凉"的案例。

如果有一天,你手握大权,老板告诉你:"我很相信你,用人不疑,疑人不用嘛。"这时你应该怎样想?初入职场的年轻人,也许会感激涕零,但职场的资深人士都知道,这句话本身就代表着对你的担心和怀疑。如果不担心,老板根本就不会说"疑"还是"不疑"的话。如果处理不好,你前途堪忧。

许多年前,在某企业担任管理顾问时,我遇到了这样一件事:

这家公司的年轻干部中杀出了一匹"黑马"。此人工作能力超强,前任营销总监突然离职时,此人作为代理总监率领团队,使公司业绩增长了一倍以上。

这大大出人意料!由于近几年业绩持续下滑,公司老板在集团总部一直抬不起头来,备受争议。这下一雪前耻,老板深觉面上有光,准备破格提拔此人为营销副总裁。

但最终,却是由一位能力很一般的生产副总裁兼管营销,而"黑马"

的职位原地不动，提拔之事不了了之。这里面到底出了什么差错？

我就此事与老板私聊。老板先是顾左右而言他，最后才说出心里话："这个人喂不熟啊……"

原来，几个月中，老板一直在暗中观察"黑马"。先是为"黑马"配备了个人专车和专职司机，这是公司内部副总裁才有的高级待遇。而"黑马"觉得理所应当，甚至对老板连个"谢"字也没有。后来老板娘又亲自出马，为"黑马"介绍女朋友，关心他的婚事。此人依旧不为所动，既没同意，也没登门致谢。老板请他没事的时候到家中喝茶聊天，"黑马"却客气地拒绝："白天有事会去您办公室请教，晚上没事不敢打扰领导休息。"

最后老板说："把公司最重要的营销职务交给他，我不放心啊！我对他既没有恩惠，又拿不住把柄，这样的人又怎么敢重用呢？"

"用生产副总来管营销，这不是赶鸭子上架吗？"我好言相劝。"那也只能如此。"老板说，"给生产副总多发一点奖金，他就美得不行，容易满足。这样的人我心里有底。"

我无言以对，唯有一声叹息。

看来，在职场上，表面再强势的老板，背后危机感都很强啊。

求田问舍法则：在领导面前，要做"简单""透明"的人。不要让他认为你深不可测，从而产生恐惧。

第 31 计　螳臂推车

在职场上，不露声色地化解他人的诬告。

前人故事：孟尝君田文顺水行舟，是韩非子赞赏的沟通高手

先贤一句话，胜读十年书。看似简单的沟通，背后却暗藏着一个民族的语言传统。什么是螳臂推车？

史料记载：战国四公子之一的孟尝君田文，是战国时期难得的 CEO 人才，有一次被魏昭王从齐国挖过去，做了相国。

魏昭王对他很是宠信，将国家大事都交与他处理。没想到有人却进谗言：孟尝君是齐国人，对魏国未必忠心，不能让他权力太大！于是，魏昭王叫来孟尝君，进行试探："寡人想参与官署事务的处理，你看怎么样？"

所谓官署事务，简单讲就是法律文书的制订、法律事务的宣判，自有主管部门去负责。相国都不应该插手，一国之君亲自参与，完全没必要，属于没事找事。魏昭王这样一说，孟尝君就知道有人进了谗言，老板开始怀疑自己。

此时，不会沟通的人一定会据理力争："这不是您该管的事！君主做好君主该干的事，臣子做好臣子该干的事。术业有专攻、职责有不同。您是老大，也不能随便抢生意呀！"但这样一说，魏昭王会更加怀疑：这里面是不是有什么猫腻？

孟尝君是弱势沟通高手，他不会去做那种螳臂当车的蠢事。知道拦阻不了，索性推波助澜："既然这样，大王为什么不预先读一些法律文书呢？"魏昭王一听，有道理！不能让人看出我外行，那就读吧！好，这回是你自己找死，怨不得旁人。

孟尝君找来各种法律文书，简牍摆得满屋都是，满坑满谷。魏昭王坐在书堆里就开始读。法律文书枯燥难懂，魏昭王是越读越烦，那玩意儿看着容易困呐，不一会儿就睡着了。也罢，倒是无意中把自己多年的失眠症给治好了。

魏昭王读了三天就整整睡了三天，醒了以后倍儿精神，吃嘛嘛香，就是法律文书一个字也没记住。心想：我也不是这块料啊，这不是活受罪吗？孟尝君前来问询进展："大王容光焕发，想必读书大有所得。"魏昭王满脸羞愧："谢谢啊！我的觉倒是睡足了……书没记住。跟你商量个事，要不官署事务还是你来管？"孟尝君说：行！

韩非子后来评价，这明显是孟尝君田文在戏弄魏昭王，但戏弄得合情合理。为什么？因为即使君主有错在先，臣子也只能变通劝谏。君权威严，臣子阻拦君主，就像螳臂当车一样，你要是坚持拦着他，那车一定会把你碾压而死。

我在年少时看到这个故事，深为孟尝君所代表的中国古典沟通智慧所折服。但在授课时，如何将其归纳为现代人可用的方法，却是大费脑筋。说是"推波助澜"也可，说是"顺水推舟"也可，但总觉还不够贴切。也许只有用"螳臂'推'车"一词，才能较好地说清下属"不争而胜于争"这个沟通方式的真正含义。

前人故事：靖郭君田婴因势利导，是韩非子推崇的沟通大师

孟尝君用的方法并非他首创，而是家传。人家祖传的职业就是做相国，孟尝君的父亲田婴，号靖郭君，才是这个沟通方法真正的开山鼻祖。

田婴当年在齐国做相国时，有人向齐宣王进谗言：田婴权力太大，有贪污公款之嫌，大王不可不防。齐宣王马上找来田婴，要看一看税赋收入的情况。田婴一听就知道有人说他坏话了，但如果当场辩论，无论如何也是说不清楚的。

田婴故意面露喜色，表示热烈欢迎大王指导工作，并且马上吩咐下面的人照办。

于是，底下的官吏们把已经签署好的一斗、一石、一累、一升（都是古代的计量单位）财务凭证，全部搬过来，一项一项念给齐宣王听。齐宣王这是要作死的节奏，过去常讲"升斗小民"，小富之家都不会太在意一升、一斗，齐宣王贵为一国之君，偏偏要管。

硬着头皮听了半天，从日中到日落，齐宣王终于吃不消了，腹中饥

饿，与田婴商量：要不先停一会儿？田婴说不行啊，工作量太多，咱们干完活儿再吃饭好不好？

齐宣王听到后半夜实在坚持不住了，问："差不多了吧？"田婴说："早着呢，还不到十分之一，岂可半途而废？"齐宣王说："你还不如找把刀杀了我呢，太折磨人了！你来断后，我逃命去也！"

韩非子评价：君主去听具体的财务结算，是国家混乱的开始。田婴身为相国，对此当然痛心疾首。但无奈已深陷谗言之中，强行阻拦必会引来杀身之祸，只能变相劝谏。

肖阳狗尾续貂：孟尝君父子果然高明，受人诬陷却没有火冒三丈，而是不动声色地洗脱不白之冤。这种气度和胸怀非常人可比！可见古代为相者，不但要有"知其不可为而为之"的勇气，更要有"知其雄，守其雌"的智慧。

后人品味："知其雄，守其雌"是高明的沟通智慧

无端受人陷害时，如何自证清白？在职场上，高管必须有"螳臂推车"的沟通智慧！螳臂当车是自不量力，螳臂推车的含义则类似于顺水行舟。

具体来说，何为螳臂推车？当老板误听谗言，开始干涉你的具体工作时，先不要火冒三丈，更不能强行阻止，因为越是辩解，越会加重老板的疑心。此时，不要"挡"而要"推"，要借力使力，以慢打快，让老板在干涉的过程中，逐渐自己认识到自己的错误。

"知其雄，守其雌"，知道自己的权力与老板相比，是弱势的、有不足

的，这是每一位职场高管必须拥有的认知。"螳臂推车"者，"猝然临之而不惊，无故加之而不怒"，只有这样，才是一名合格的高管，才永远是老板眼中"最可爱的人"！

不会"螳臂推车"，没有弱势沟通的思维方式，在职场上结局往往大大不妙。唐太宗李世民"以人为鉴"，他与魏徵君臣相知，后者直言劝谏的故事被传为千古佳话。但很少有人知道，魏徵死后不久就被李世民借机泄愤，推倒墓碑，剥夺赏赐。

何至于此呢？这能全怪李世民吗？他也是人，魏徵天天说话都让他闹心，天天抢领导的"心灵金币"。你看看人家孟尝君！

最后啰唆一句话：君主不是圣人，臣子也不会是完人。弱势沟通当然不是让你学奸臣小人，事事对上曲意迎合，处处唯唯诺诺。但希望每一个想做忠臣的人，都先通晓人性，才好有的放矢。

实战场景：在职场上，如何应对别人的诬告？

前人栽树，后人乘凉。来看一下我们现代人"乘凉"的案例。

如果你是基层员工，请略过本篇。但如果你是企业的中高管甚至CEO，一定要看！因为你的权力再大、职位再高，毕竟也还不是老板。

先问个问题：当有人说你坏话，老板对你产生猜疑时，该怎么办？这种情况在职场上颇为常见。有时你并没有犯错，但也许职位高就会招来嫉妒。老板也是人，不可能事事明察秋毫。

第八章 | 弱势沟通是知雄守雌的从容

一位学员是某企业的 CEO，有一天打电话向我诉苦："我们老板最近不知犯了什么病，非要参与自己不熟悉的研发工作。外行领导内行，这不是瞎指挥吗？研发工作历来由我主管，我是否应该马上阻止他？"

老板的做法，的确违反了管理的基本原则。我在课上讲过一条管理的原则：<u>上级可以越级调研，但不可以越级指挥。下属可以越级投诉，但不可以越级汇报</u>。企业是一个生态系统，一旦破坏了授权和分工体系，就如同破坏了生态平衡，后果会很严重！各司其职是企业中最重要的原则，如果上级经常越级处理问题，就会把下属架空。如果事事都需要上级来亲自决策，他显然又没有那么多精力和时间，这会直接导致下属不作为现象蔓延，企业早晚会乱成一锅粥。

但企业是老板的，人家就这么干了，你能怎么办？

学员是管理实战高手，当然更懂这个道理，他以为我会义愤填膺地支持他。

我问了他一个问题："为什么以前老板对你充分信任、充分授权，现在却事事关心，到处插手？——肯定是有人说了坏话，老板开始怀疑你了。如果你现在非要阻止老板，那恐怕离下岗也不远了。"

学员说："难道要我忍气吞声、坐视不理？与其做这种有名无实的傀儡，我宁可不干！"我说："不必那么悲观！被人诬告时，一名高管最好的弱势沟通方式，就是'螳臂推车'……"

我的建议是：顺水行舟，不但不阻拦'相反'还要鼓励老板参与具体工作！学员抱怨说："这不是助纣为虐吗？老板天天抓小事，那公司的大事又由谁来管？我既然身为CEO，就不能让老板任性胡来！"

我说："凭你的职位，能够正面说服老板吗？打不赢的仗，为什么还一定要打呢？这个时候，你越是阻拦他，他就越怀疑你的动机。让老板亲身试一下，是非曲直，不辩自明，对你肯定没有坏处。你应该这样说话……"

一个月后，学员特意登门拜谢："您预测得真准！我听您的话，没有表现出丝毫不满，还向老板表示积极配合……老板天天和研发人员在一起摸爬滚打，把自己累个半死。他带头研发的新产品先天存在设计问题，还没上市就夭折了。老板体会到我们工作的不易，所以把权力交还了，现在对我的信任度比以前还要高。"

我说："这就是'螳臂推车'，而不是螳臂当车！身为高管，你的权力是向老板'借'来的。既然是'借'的东西，主人关心一下也理所当然。为何老板会插手你的职权范围？就是想看权力是否还在他手中，是否能够随时收回来。你让老板安心，他才会再度授权。"

总结一下：上级因为听信诬告，越级指挥，高管遇到这种事千万不要大惊小怪。他天天干你的活儿，根本忙不过来，有时候干得还不怎么样，最后一定会知难而退。正所谓：见怪不怪，其怪自败。在沟通中，不争有时候比争的效果还要好！

<u>螳臂推车法则：让上级自己意识到自己的错误，才是高明的劝谏方式。</u>

第 32 计　点而不破

只能帮上级找到判断的标准，不能替上级下结论。

前人故事：说服千古一帝康熙，你需要这样的技巧

先贤一句话，胜读十年书。看似简单的沟通，背后却暗藏着一个民族的语言传统。什么是点而不破？

这是一个看似简单的沟通方式，可实际上，历史上不知有多少人用来谋国谋身！

杀伐果决、明断是非的康熙大帝，也有下不了决心的时候。

康熙一生有 30 多个儿子，可多子未必多福，晚年九子夺嫡，让他十分郁闷。立谁为继承人？这是关乎王朝千秋万代的大问题。犹豫之中，康熙向谋臣问计。最有可能的是两个候选人，八阿哥胤禩与四阿哥胤禛（后来的雍正皇帝），前者聪明过人，后者则踏实勤奋，康熙觉得都不错。

谋臣心中偏向老四，但此事不可明说，否则会有杀身之祸。康熙被后世称为"千古一帝"，岂是臣子私心可以左右的？要说服这样聪明绝顶的

人，只能用点而不破的方法。他只说了三个字，就使康熙下定了决心。

这三个字就是——看圣孙。什么意思？简单讲就是既然儿子都相差不多，那就比一比孙子吧！儿子好，只能保几十年的江山。孙子好，却可以百年繁盛。

这一下，是暗中帮了雍正的忙。大家都知道，在孙辈之中康熙最喜欢的就是雍正之子爱新觉罗·弘历，也就是后来的乾隆皇帝。弘历十岁时，康熙就把他带在身边，亲授书课。这不是"秃子头上的虱子——明摆着"吗？但即使倾向如此明显，谋臣不说破仍有其妙处。康熙恍然大悟，对谋臣也甚为嘉许：你只谈判断的方法，而不谈最后的结论，很知道做臣子的本分！

雍正之后，乾隆即位，在位六十载。与祖父康熙合称康乾盛世。

肖阳点评：不要和上级比"聪明"，不要替上级下结论，因为一般来说，上级只相信自己得出的结论。

前人故事：说服春秋明君魏文侯，你需要这样的技巧

在高校课堂上讲《资治通鉴与领导力》时，我曾提到一位历史人物——魏文侯。此人是春秋战国时期魏国的国君，名气并非很大，却是古代帝王之中的明主典范。有史学家评价，若不是魏文侯的后代子孙不争气，统一中国的未必是秦国，而应该是魏国。

魏文侯当年在选择相国时遇到了难题，私下请教他最信任的谋士李悝："我看中两个人选，不是魏成子就是翟璜，先生何以教我？"

第八章｜弱势沟通是知雄守雌的从容

李悝这个人更是了不起，他相当于中国法家学派的祖师爷，因编写《法经》而名留青史，是商鞅、王安石等后世法家巨擘的偶像。他一开口，就显示出弱势沟通的深厚功底。

李悝答曰："我听说，卑贱的人不替尊贵的人谋划，疏远的人不替亲近的人谋划。我这样卑微的人，怎么好议论这样的国家大事呢？"看看人家的说话水平！不因为老板问计就沾沾自喜，这样的人在职场上又有谁不喜欢？

魏文侯恳求再三，李悝点而不破："您只要平时用心观察，这不是很清晰的事吗？居视其所亲，富视其所与……何用李悝多言？"魏文侯说："我的相国人选已经确定了，多谢赐教。"遂任命魏成子为相。

不懂弱势沟通的人会一头雾水，其中奥秘何在？李悝是在帮助老板确定选人的方法——看他独居时亲近哪些人，看他富贵时把钱花到哪些人身上……不就知道谁更贤能了吗？这明显是帮着魏成子说话，但又没有"剧透"。

落选的翟璜，功劳当然很大，他曾向老板推荐了与孙子齐名的军事家吴起，但吴起只是"帝王臣"；而魏成子所推荐的三位世外高人段干木、田子方、卜子夏，都是"帝王师"，岂可同日而语？

此言一出，魏文侯自己找到答案，满心欢喜。更难得的是，落选的翟璜后来闻知此事，也是心服口服。

肖阳点评：沟通与书画一样，需要留白。无墨之处胜有墨，无声之处胜有声。点而不破，从而达到润物无声的境界，李悝不愧为后世弱势沟通的楷模！

后人品味：不要替上级下结论，上级只相信"自己得出"的结论

当上级向你征询意见时，聪明人绝不会直接说出答案。

为何要点而不破？没有人喜欢被他人左右。人都有逆反心理，下属的倾向越明显，上级就越会怀疑你的动机，一旦产生了信任危机，那你说什么都没用了。

那么，把自己的观点隐藏在思考方法之中就好了！上级自然能领会到你的暗示。沟通上，退一步海阔天空。

点到而不说破，这是做下属的本分。只能"帮助"上级找到结论，而不能"代替"上级下结论。否则，身陷其中，可能会"城门失火，殃及池鱼"。

别人是"做好事不留名"，弱势沟通是"做好事，但不伤害自身"。

有些上司生性多疑，说服这样的人就更需要沟通技巧。当年曹操手下的大谋士贾诩，不但智谋不逊于诸葛孔明，在说话方面更是有水平。

史料记载：三国时期，曹操为立嗣一事，在温厚谨言的曹丕与才华横溢的曹植之间犹豫不决，向贾诩征询意见。"保丕派"的贾诩先是沉默不语，被再三追问后，方一语定乾坤："臣在想袁绍与刘表之事。"

这又是点而不破。点到的是袁、刘两家皆因废长立幼，祸起萧墙，自毁长城；不说破的是："难道您也要步他们的后尘吗？"

曹丕继位，有贾诩一言之功。

说服强势上级，唯有弱势沟通。

实战场景：在职场上，如何防止"城门失火，殃及池鱼"？

前人栽树，后人乘凉。来看一下我们现代人"乘凉"的案例。

多年前，我在一家国企担任营销部门负责人，险些遭遇飞来横祸。由于职位产生了空缺，领导突然决定破格提拔后勤部门的老唐做我的副手，这无异于"人在家中坐，祸从天上来"。

老唐是领导面前的红人。当初他只是名普通的食堂管理员，经常带着克扣下来的猪肉到领导家里送礼。他被提拔为后勤部长后，更是天天围着领导的家人转，帮助领导父亲看病，帮助领导夫人装修新居，还关心领导女儿的婚事，保媒拉纤。

老唐一直觉得营销是油水很足的部门，所以千方百计想调进来。只是此人一来，必定天下大乱。他已经搞倒过几任上司，若再把营销部门搞垮，全公司的人都要喝西北风了。

但领导在公司里说一不二，如何让他收回成命？讲道理，根本说不过领导，直接抗命的常规沟通更是行不通！让我们模拟一下：

沟通场景一，你说："有他没我，有我没他。他要来也可以，我辞职！"这话一说，是"抢金币"还是"送金币"？抢，而且抢得很严重！等于威胁领导。即使这次侥幸成功，以后也没有好果子吃。

沟通场景二，你说："他明明是个外行啊，营销专业一点不懂，听说养猪倒是养过几年，不过这是两码事，不是添乱吗？"这话一说，是"抢金币"还是"送金币"？抢，而且抢得很严重！领导一句话就能把你顶个跟头："你是一出生就什么就懂吗？不懂没关系，可以学嘛！"

沟通场景三，你说："我这人虽然不怎么样，但还有点是非观念。

他这种靠溜须拍马上来的人，我看不上！"领导说："拍谁的马屁？你是在说我吗？……"这样"抢金币"无异于哪壶不开提哪壶。

作为一名高管，工作上有能力不足为奇，沟通上有水平才是真正的本事。此时，一句弱势沟通的话，就能转危为安，天下太平。

须知，反驳上级时，最好只提判断的标准，而不下最终的结论，才能取得良好的沟通效果。分享一下我的实践：

当时，领导对自己的决定也有些不好意思，私下与我商量："老唐这个人，虽然在营销上是外行，但还是很有亲和力的嘛（其实只是对领导一个人有亲和力）。过几天，等他交接完后勤工作，就把他派到你那里去。"

表面上是商量，但语气可不容置疑。我心中焦急，虽然一百个不愿意，但知道这时候千万不能表现出来。一瞬间，脑海中无数英雄人物闪现，想起一句话：胸有惊雷而面如平湖者，可拜上将军。

我尽量装出漫不经心的样子："您说得很对，亲和力当然很重要！不过对于营销干部来讲，另一项素质更为重要……"

领导不免好奇："那又是什么呢？"我点而不破，旁敲侧击："是吃苦精神，做营销经常要出差，加班加点也是常事。年轻人还好，年纪大的人家庭拖累太重，精力无法兼顾。要是碰到那种挑三拣四的人，还会天天找高层领导诉苦，这让领导怎么平衡其他人呢？"

领导马上想到了老唐，他年纪已接近退休。自己本来想帮他一把，但如果他到了营销部门之后，处处要求搞特殊化，得不到满足就天天跑到自己家中诉苦，自己日子也没法过了，这不是没事找事吗？

领导若有所思，不出一语。没过多久，公司正式宣布，老唐维持原职务不变，营销部门的空缺，从优秀的年轻干部中选拔。

第二年，公司营销业绩增长了近一倍，公司上下皆大欢喜。只有我在暗中擦了一把冷汗。

点而不破法则：涉及用人的敏感问题，不能替上级下结论，只能帮助他找到用人的标准。

第九章

弱势沟通是上善若水的智慧

第 33 计 幽默气场

幽默是最强大的气场，也是最好的"心灵金币"。

前人故事：中国历史上从来不乏气场强大的人

先贤一句话，胜读十年书。看似简单的沟通，背后却暗藏着一个民族的语言传统。什么是幽默气场？

提起古代以诙谐幽默知名的人，你肯定会想到东方朔。他为人正直，屡次劝谏气头上的汉武帝，甚至几番触动汉武帝的"逆鳞"，却没惹来杀身之祸，因为幽默是他最好的沟通利器。

东方朔不是没犯过错。但他犯错时总能靠幽默转危为安。有一次，东方朔私自将御赐的肉割下了一大块，带回家拿给老婆吃。汉武帝次日知道了就责问他，让他当众道歉。没想到，东方朔现场来了一次"脱口秀＋小品"表演。

他又唱又跳："东方朔啊东方朔，你拔剑割肉，是多么的豪迈！你割肉不多，是多么的廉洁！你挂念着妻子，是多么的仁爱！"汉武帝边看边笑:"让你谢罪,你怎么还借机表扬起自己了?也罢,再赐你一百斤肉,拿回家去吧!"

汉武帝谁惹得起?可东方朔有强大的幽默气场,他不怕。

再来看一看清代的"搞笑天才"纪晓岚。野史记载:有一次纪晓岚惹怒了乾隆皇帝,乾隆让他去死。古语云:君让臣死,臣不得不死。纪晓岚毫不争辩,跑到门口的鱼池边,"扑通"一声跳了进去。可是池水太浅,很快,纪晓岚又浮了上来。

乾隆一看气坏了:"你怎么没死啊?"纪晓岚说:"臣在水底下见到屈原了。屈原说:'我遇到的是昏君,才投水而死。你遇到的却是一代明主,怎么能死呢?赶快回去吧!'您说,我是死还是不死啊?"

乾隆听得哈哈大笑:"跟谁学的这一套?你这条小命还是留着吧!"

在中国历史上,像东方朔、纪晓岚这样的弱势沟通高手,并不鲜见,为我们后人留下了宝贵的精神财富。遥想公瑾当年,谈笑间,樯橹灰飞烟灭;遥想先贤昔日,谈笑间,化解生死危机。

后人品味:只有幽默,才能展现强大的气场

许多人误把吹牛当成气场强大,其实这才是最惹人反感的。在生活中,在职场上,也许你身边也有这样的人:

⬤ 有的人会吹嘘自己的见识:"我和某某名人一起吃过饭,不信?我拿照片给你们看。"一桌吃过饭就了不起吗?

⬤ 有的人会吹嘘自己的奢侈品:"我这身打扮可值钱了!手表是江诗

的，衣服是鳄鱼的，对了，鳄鱼头应该朝哪边？"手表还"僵尸"的，你怎么不戴一块"生化危机"的表呢？别丢人了，没文化的人才拿钱壮胆。

有的人会吹嘘自己的早年经历："想当年，我可不是一般人，谁谁谁（最好是王健林一样的名人）也就是我的跟班，我让他往东，他绝不往西。我让他打狗，他绝不撵鸡……"趁人家不在眼前，什么话都敢说。他就算说秦始皇欠他家二百吊钱，你也没法验证不是？

真正强大的气场，必须来源于自身修养。借着名人来为自己增光添彩，或是打扮得花团锦簇，都不能让人信服。那么要怎样才能形成气场？

形成气场最有效的方式是幽默，而最好的幽默，则是自嘲。比如前文中讲到，肖老师经常自嘲形象不佳："人家美女代言车展，我这样的，只能代言拖拉机展。""学员祝我财源滚滚，而我长这么大，就学会了三个字——圆滚滚。""世界上有两种人：一种是好看的，一种是难看的。我介于其中，属于好难看的……"

弱势沟通指出：嘲笑自己，相当于送别人"心灵金币"。你既带给别人快乐，又把姿态放得很低，谁还忍心再打击你？

在课堂上，作为一名老师，要如何展示自己的气场？举例说明：

有一次，我刚开始讲课，从门外闯进来一名迟到的学员。他四处寻找座位，甚至挡在我身前。现场所有人都看他，没人看我，课肯定是讲不下去了。这时候应该怎么办？

脾气不好的老师会当场发火，以为越严厉，气场越强："你迟到了，不能从教室的后门进来啊？还从前门闯进来，有没有一点公德心？"脾气好的老师会怎样？只能假装没看见。争吵起来有失师道尊严，但这样逆来顺受，老师的气场也就完全不存在了。所以这两种沟通方式都不对。

我脾气好，但等他终于找到位置坐下后，指着他说了一句话："不管多么精彩的电视剧，都有广告插播。"底下顿时哄堂大笑！

这是典型的弱势沟通，把批评隐含于幽默之中。话语友好，不含敌意，让别人自己认识到错误，不论什么时候，幽默才是最强大的气场！

实战场景：用对技巧，人人都可以成为幽默大师

前人栽树，后人乘凉。来看一下我们现代人"乘凉"的案例。

天生缺乏幽默感？没关系，弱势沟通与你分享一种语言技巧，有了这个技巧，人人都可以成为幽默大师。

这条法则就是：意外才有"笑果"。再补充一句：观众越意外，笑声越大。不管是相声、小品还是脱口秀，所有语言类艺术表演，幽默元素几乎都来源于此。

比如，郭德纲之所以是一代名家，因为他说三句话，靠意外就可以让你笑三次。举例说明：

第一句"意外"：

"如果说郭德纲这些年有什么成绩……"郭德纲一指边上捧哏的于谦，"完全归功于我自己。"不指，观众不会笑，有误解，让人意外，观众才会笑。于谦补上一刀："我跟你商量个事，下次要是不打算介绍我，就别往我这儿比画行吗？"

第二句"意外"：

"单丝不成线，孤木不成林……没有别人的帮助，你到得了今天？"

郭德纲停顿一下,"所以借一方宝地,我要特别感谢一下……我的夫人。""感谢"后面有停顿,又制造了意外,观众又笑了。于谦再补一刀:"这里面到底有我没我?"

第三句"意外":

"要没有您啊……我早就红了。""您啊"后面有短暂停顿,又制造了意外,全场哄堂大笑!

同样是这个段子,郭德纲早期讲的时候,观众里笑的人就不多。为什么呢?因为包袱没有完全抖开——我称之为"笑点缩水"。

为什么会"笑点缩水"?因为在早期版本中,他第三句是这样说的:"要没有你我早就红了"。两者有什么区别呢?"您"变成了"你",关键是,少了"啊"字和后面的停顿,这可有天壤之别!

幽默的原则是"越意外,观众笑声越大"。郭德纲这个段子,后期版本的优点是:"您"是尊称,观众自然会想:接下来一定是恭维的话,"如果没有你谦儿哥,我可能连饭都吃不上",诸如此类……观众正沿着错误的方向想呢,郭德纲突然反转——"我早就红了",造成意外,这才引起哄堂大笑。为什么要停顿一下?这是为了让观众的思绪走得更远,只有这样,当观众突然被拽回来时,意外才会更大。

这个段子的早期版本,问题出在哪里?第一,"你"不是尊称,与后面反转的话没有形成反差。观众不意外,所以不笑。第二,缺少了停顿,观众来不及反应,思绪没被误导,更谈不上走得很远,"还站在原地"。意外远远不够,导致包袱不够响。

什么是幽默的艺术?哪怕只少一个字,甚至只少一秒钟停顿,"笑果"

就出不来。所以，说好相声看似简单，其实相当不容易。

幽默要达到专业水平，包袱就必须"又脆又响"。如何做到？一定要去掉笑点后面的废话。简单讲就是去掉最后"挡包袱"的话。

举例说明：早年间，相声大师侯耀文与几位相声小品界的顶尖高手一起设计春晚小品，为一个自大无知的村长设计台词。黄宏扮演的村长，得意扬扬地说，我跟国家主席只差三级——国家主席、省长、市长、我。

这个包袱又脆又响，上春晚，大家一听就都笑了。但是当初他们设计时，怎么说都不能惹人发笑，为什么？侯耀文敏感地发现，因为多了几个字"挡包袱"，原话是"国家主席、省长、市长、我，其他都不算。"

大师毕竟是大师！侯耀文敏锐地意识到，只要一加"其他都不算"这句，包袱就闷了。本来是要刻画村长的自大无知，从而产生讽刺效果。可一旦加上"其他都不算"这句，这种无知就没有得到允分体现，画蛇添足。

把谜底在最后揭开，不要在谜底之后加废话。如果掌握了这种语言技巧，那么业余人士也能达到专业的幽默水平。

比如，我在课上讲过一个笑话：太太说："老公，你不关心我！"老公说："我怎么不关心你了？"太太说："反正你不关心我。这样，我今天中午不吃饭了，到你们单位把你老板打一顿。"老公问："你凭什么打我老板？"太太说："你看，就说你不关心我吧！只关心我为什么打你老板，却不关心我为什么不吃饭！"

课堂上许多人都笑了。"不关心我为什么不吃饭"是谜底，也是笑点，必须放到最后揭开才有"笑果"。如果反过来，太太说："你都不关心我为什么不吃饭,却只关心我为什么打你老板!"先揭开谜底,后加补充解释的话,画蛇添足,大家就不会笑了。我在不同的课程中反复试验过上述两种说法,发现后者的幽默效果明显不如前者。

应用深化:幽默的几种常见方式

要研究沟通,就必须学会幽默的语言方式。常见的方式有十几种,在此简单列举:

第一种,夸张式幽默。原本不好笑的事,夸张了就能产生幽默效果。比如,我在课上说自己有强迫症:早上担心没有锁好门,出门50米就回去看,再出门30米又回去看,再出门15米又回去……一天没干啥,我锁了58次门。底下大笑。

"58次"就是夸张,如果说"锁了3次门",就没有笑点。

第二种,口误式幽默。假装无意说错,就能产生幽默效果。比如,相声演员苗阜和王声,最擅长的就是口误式幽默。苗阜说:"这位是王声老师,陕西吃饭大学毕业的。"苗阜说:"打住,是师范大学,没有吃饭大学……"苗阜又说:"我很喜欢看《山海经》,里面有个故事——精卫填海。汪精卫这个大汉奸啊,早就应该填到海里去……"再举例,苗阜说:"我还喜欢一个故事——寡妇逐日。"王声说:"夸父逐日!"

这里有一个问题:相声里,有捧哏纠正,逗哏的口误就可以形成笑点。但是讲师在课堂上说的是"单口相声",没人配合,口误会让人以为你说错了,不会发笑。那怎么办?这时候你要描绘一个场景,自己一个人扮演两种角色,才能引入口误。比如:我在课上讲,小时候有一次老师来家访，我家养了一条狗，见到陌生人就咬，所以老师一敲门（模仿老师形象，第一种角色），我一开门（模仿自己，第二种角色），我一下子就紧张了，大声喊："妈妈，赶快把老师拴住，狗来了！"众人哄堂大笑！

第三种，对比式幽默。就是通过语气轻重的不同来制造"笑果"。比如早年我在讲营销时，说我手下有个大客户经理，与客户谈判时有个坏习惯——咬手指甲。有人说，你赶快去练瑜伽吧……你还别说，练完瑜伽以后真有用，果然不咬手指甲了……改咬脚指甲了……这回够得着了。大家都笑了。

请注意！我第一次在课堂上讲这个段子的时候，大家都不笑，我怎么说的？我说练瑜伽真有用，果然不咬"手"指甲了。"手"字加了重音，等于给了个"提示"。底下的听众很聪明，马上就有人叫破，抢先说出来——改咬"脚"指甲了！幽默效果一下子就没了，包袱就没响。

现在我再讲这段话，"练完瑜伽真有用，果然不咬手指甲了，改咬'脚'指甲了"。"手"字没有重音，"脚"字却有明显的重音，这种语气上的对比，能产生幽默的效果。

篇幅有限，其他制造幽默效果的方法恕不一一列举，大致还有"反转式幽默""互动式幽默""场景式幽默""跑题式幽默""肢体式幽默""排比式幽默""拟人式幽默""联想式幽默""急智式幽默""埋伏式幽默"等。比如，相声演员岳云鹏就是"互动式幽默"的高手，他与新生代观众的现场互动，在传统相声看来可能是离经叛道，但却是对幽默艺术的一种改良和创新，有青出于蓝之势。

可以说，大家熟知的所有能让你发笑的幽默高手，都掌握了上述一种甚至多种"独门绝技"，所以才能"人见人爱，花见花开"。

中国的语言艺术博大精深、浩如烟海，我业余研究幽默艺术几十年，以外行人的身份管中窥豹，恐怕也不能了解其中之万一。总之，如果在沟通中添加了幽默的元素，任何一个枯燥的学术讲座或是一次平凡的演讲，都可以变得生动和有趣。

第34计　肢体语言

你不用说话，我也知道你在想什么。

前人故事：中国古代的识人术、观人术

先贤一句话，胜读十年书。看似简单的沟通，背后却暗藏着一个民族的语言传统。什么是肢体语言？

肢体语言包括微表情、微动作，是西方心理学的重要研究对象。西方人的心理学固然奥妙精深，我们中国人的心理学也毫不逊色。早在春秋战国时期，中国人就有通过肢体语言判断对方心理活动的经典案例。

史料记载，齐桓公与相国管仲商量讨伐卫国。退朝回到后宫，宠妃卫姬一见，当场向桓公下拜，替卫国君主请罪。桓公问是何故，卫姬说："妾见到您进来时，气势豪迈，睥睨四方，连步子都比平时迈得更大。这一定是要征讨别的国家！"桓公说："可是我也没说要打卫国呀？"卫姬说："这还用说吗？您一见到我就面有愧色，目光都不敢直视，不是卫国又会是哪个？"桓公叹息一声："爱妃莫急，寡人不攻打卫国就是。"

第二天一上朝，管仲问齐桓公："昨天谈好的攻卫一事，怎么变卦了？"桓公很是惊奇："仲父如何知道？"管仲说："您今天对我特别客气，与我说话时面有愧色，语速慢了不少，语气也柔和了许多。这不是因为取消攻卫的计划，还能是什么？"

齐桓公心想：这真是活见鬼了！我是透明人还是玻璃做的？一眼能看到底。怎么谁见到我都能猜到我的心思？你们都懂肢体语言，这还让不让人活了？

他当然不会这么说，上边这段是肖老师编的。

看懂肢体语言，还能识别奸臣。北宋的权相蔡京，在窃夺高位之前，就有言官说此人不可重用，因为蔡京可直视太阳，久不眨眼。言官说：这证明此人意志坚决、定力不凡。但敢与太阳敌对，狂妄至极，得势后一定飞扬跋扈，连君主都不会放在眼里。后来果真一语成谶。

曾国藩是中国古代识人术、观人术的集大成者。他根据多年的用人经验写成《冰鉴》一书，从神骨、刚柔、容貌、情态、须眉、声音、气色等七个方面，详细阐述了如何从外表看清一个人的内心。

把那些封建迷信的东西去掉，曾国藩书中有些方法还是可用的。比如，当年他的学生李鸿章向他推荐了三个人，皆在门厅外等候。曾国藩散步回来，李鸿章正要一一介绍，让恩师详细面试一番。没想到曾国藩说："不用了，我只看了一眼，就什么都清楚了。"

曾国藩说："左边那个是忠厚的人。因为他坐得十分拘谨，看到我，马上低下头。这样的人不会胆大妄为，可以让他去管后勤的琐事。中间那个是小人，表面上恭恭敬敬，我一走过去，他就左顾右盼，神色轻浮，可见做事必然两面三刀、阳奉阴违。右边那人了不起啊！他双目正视前方，坐姿气宇轩昂，见到我也不卑不亢，这肯定是大将之才。"

真说对了！"大将之才"何许人也？大将刘铭传是也。此人后来从基层起步，一路升至直隶总督，其后改任首任的台湾省巡抚，为当地老百姓做了许多好事，成为两岸人民敬仰的英雄。比曾国藩本人也毫不逊色。

比曾国藩识人水平还高的人，在中国历史上更是不胜枚举。篇幅有限，点到即止。

伏案追思，先贤的智慧有如夜空中的星斗，熠熠生辉，光照古今！

后人品味：根据肢体语言，判断对方被说服的程度

学会肢体语言有什么用？肢体语言好比"信号"，谈话时可以用来判断对方被你说服的程度，根据对方提供的"信号"，来决定是否要加大说服力度或者转换说服的角度。弱势沟通把说服程度划分为5个级别：

零级说服——说服程度0%

此时，对方的肢体语言通常是：眼睛根本不看你，这表明对方对你的话不感兴趣，甚至还会扯远话题。比如，你对客户说："我向您介绍一下我们产品的特点……"对方也许不会接你的话，顾左右而言他，看着窗外："今天的天气真好啊，终于不下雨了。"

初级说服——说服程度30%

此时，对方的肢体语言通常是：不会停下手中的事，但偶尔会抬起头

来看你一眼，有时还会有敲击桌面、用手玩笔等小动作，这表明对方在思考，摆出一副"你说吧，我听着"的态度，对你的话题开始有了一点点兴趣。详细的原理，后面再介绍。

中级说服——说服程度 50%

此时，对方的肢体语言通常是：眼睛盯着你，上身前倾，有时还会歪着头倾听，这表明对方的兴趣比较大。这个状态，就是我们常说的"半信半疑"，这时对方往往会追问，让你补充证据。比如，客户会说："是这样的吗？你再讲得详细一点。关于这一点，我还有个问题……"

高级说服——说服程度 80%

此时，对方的肢体语言通常是：瞪大了眼睛看着你，双目放光，甚至还会拍一下大腿，这表明对方基本认同了你的观点。此时他甚至会帮你补充证据。比如，客户会说："你说得有道理，和我想的一样。你说的这种情况，上次我也遇到过……"

终极说服——说服程度 100%

此时，对方的肢体语言通常是：站起身来，或是从椅子上跳起来，甚至还会亲密地拍一下你的肩膀，这表明对方已经完全、彻底地被你说服了。对方这时往往会跳过细节纠缠，直接进入后续合作。比如，客户会说："你们是收现金还是收支票？什么时候发货？……"这种时候再多说一个字都是废话。你不能说："等一下，我还没说完呢！我们的产品还有八大功效、十二大优点……"客户恐怕会上来一脚把你踹翻在地："我都说我买了，听不懂吗？"

在沟通中，可以善用肢体语言来改变对方的心理状态，比如最简单的握手，背后都各有深意。先说错误的握手方式，有几种：

第一，击剑式握手：手从上往下伸，出手又快又直，如击剑一般，这是要捅死对方吗？须知，跟领导、跟客户握手，手要从下往上握。从上往下握，对方会有心理压力。

第二，拔河式握手：握手时，要把手伸到对方那里去，而不能把别人的手拽过来。比如美国前总统特朗普，他可不管这一套，他力气大，与日本前首相安倍晋三会谈时，总是会把人家拽到自己这边。

第三，死鱼式握手：这种毛病女士容易犯。握手时只伸出两根手指，不肯伸出整个手掌，像一条死鱼一样，一不小心就会滑出去。过于矜持了！

第四，左顾右盼式握手：左顾右盼是小偷常见的肢体语言，意思是"贼不走空"，我看看能不能顺点东西回去。这可不好。握手的时候要目视对方，不能向左右看。

在此推荐一种"政治家式握手"：当客户伸过手来，你伸出右手相握，同时要把左手覆盖在对方手上，轻轻摇三下，亲切而不失风度，政治家大多如此。对于关系亲近的人，有时还可以来一个"政治家式拥抱"，握手之后拥抱对方，轻拍对方后背三下。不要小看这两个简单的动作，可以传递出你的善意，瞬间增加对方的好感。

实战场景：为什么说在沟通中，比说更重要的是听，比听更重要的是看？

前人栽树，后人乘凉。来看一下我们现代人"乘凉"的案例。

弱势沟通指出，在沟通中，比说还重要的是听，比听还重要的是看！我们来看一下，如何去"看"？

一、对方不认同你话语时的肢体语言

🔹 当你说话时，对方双手抱胸，代表什么？

代表防御和敌意，这是人类祖先在狩猎过程中形成的习惯。遇到危险情况，比如老虎向自己扑过来时，这样做可以保护心脏等要害部位。

🔹 当你说话时，对方对你眯着双眼，代表什么？

代表轻视，还是近视忘戴眼镜？都不对。这个动作是攻击的前兆，也是人类祖先在狩猎过程中形成的。看见有猎物，要弯弓搭箭、瞄准射击。

讲个故事就不会记错了。一位农村老大爷到城里来，迎面遇到骑车的小伙子。老大爷往哪边让，小伙子也往哪边让。两个人僵住了。最后小伙子说，您别动！别动！好，老大爷不动，自行车也到了，"咣"的一下把老大爷撞沟里了……

老大爷从沟里爬起来揪住小伙子："我说你让我别动呢？原来你是要瞄准啊！"由此可见，对方眯着双眼就是在瞄准你。

🔹 当你说话时，对方在你面前用手玩笔，代表什么？

代表不耐烦？不完全准确。没有前提条件就没有真理，同样分为两种情况。其一，低头玩笔代表不耐烦。比如遇到老师讲课太差，学生就是这个动作。他在想：什么时候下课呀？我尿急啊！其二，抬头玩笔则代表在思考。他脑子正在不停运转——你讲得似乎有些道理。

所以，前提条件不同，肢体语言的含义也截然不同。如果忽略了这些细微差别，就会失之毫厘，谬之千里。

二、当对方认同你话语时的肢体语言

🕯 你说话时,对方双手交叉,放在脑后,代表什么?

代表放松和信任。这不太好理解,举例说明:小猫、小狗见到主人时,会有一个标志性的动作,是什么?不是摇尾巴,没尾巴的狗怎么办?它们会四脚朝天跟你玩,露出自己柔软的腹部,见到陌生人就不会这样。

所以,一旦客户在你面前,把双手放在脑后,正面没有防备,这和小动物的情形差不多,同样代表喜欢你!心理学称为"减少防御层次"。

理解了"防御层次"的概念,生活几乎是"透明"的。

比如,女孩子如何才能看懂男孩子的态度?观察其防御层次。初次相亲一同吃饭,不用管男孩子说什么,只要看他说话时是上身前倾还是上身后仰。上身前倾是减少防御层次,代表喜欢你,所以靠你越近越好。上身后仰是加强防御层次,这称为"远离厌恶源",是傲慢和厌烦的表示。

再如,家长批评孩子,孩子坐在沙发上抱着枕头,这是减少防御层次还是加强防御层次?当然是加强。潜台词是"万一你打我,我还可以拿枕头挡一下,离你越远越好!"好孩子、坏孩子都如此,遇到"熊孩子",他也许还会先用枕头打你。

一位女同学单独与你出去吃饭。吃饭时她突然把束着的头发解开了,代表什么?信任和喜欢!同样是减少防御层次:女同学束着头发,代表工作状态,放下头发则是生活状态,是给亲密的人看的动作,可能代表对你的信任和喜欢。但不一定就是喜欢你。也可能是因为你长得老,像她的父亲,她信任你。

三、从肢体语言中读懂对方

手部动作背后的含义

对方一边说话，一边用手捂嘴，代表什么？代表他在是撒谎。心理学指出：成年人为了掩饰谎言，手会下意识地在嘴的附近活动，这是欲盖弥彰。

如果对方一边说话一边摸鼻子，更是撒谎。因为撒谎的时候，鼻子容易出汗。如果还有第三个动作，一边说话一边搓额头，不说话时不算，三个动作连在一起，100%是说谎。这代表"思维停顿"。

"思维停顿"在生活中经常会遇到。比如老婆问老公，你和那个女人什么关系？老公马上回答，问题不大。如果他不是正面回答，而是反戈一击——你竟敢怀疑我？这是典型的"思维停顿"特征，在想如何圆谎，要出大问题！

课堂上有学员质疑："老师，我说话时总是下意识用手摸脸，但我平时并不说谎呀。"我说，你不是说谎，而是说谎说习惯了。

脚部动作背后的含义

心理学指出：人类是自然界最会说谎的动物。在几十万年的进化过程中，人类学会了掩饰面部表情。受过训练的人，甚至可以掩饰自己的手部动作，但是很少有人能够掩饰脚。

脚尖的朝向，暗示一个人的真实想法。作为讲师团总教练，我经常要考核老师们。一名老师讲得好不好？根本不用听，一看其肢体语言，大致就心里有数。

初登讲台的老师，会躲在讲台后面不敢出来。因为你怕他，他更怕你，恨不得全身都遮挡住才好。还有人会双手抱胸讲课，有的听众也许会觉得潇洒，实际上这却是肢体语言不够开放，是防御和紧张的表现。还有老师手插在兜里，看上去更潇洒了。实际他的手没准在兜里攥成拳头，怕自己的手乱动，是在约束自己的行为。

最紧张的老师，你注意他的脚尖。他不管与谁说话，脚尖都始终对着门口。这是紧张到了极点，代表"反响不好，撒腿就跑"。资深讲师，脚部往往也有个动作：一只脚站立时，另一只脚会翘向相反的一侧，脚尖点地。这代表气场强大，有超强的控场能力。

心理学指出：人只有在安全的状态下，脚部才会有这样的动作。因为做出这个动作的人，是不能逃跑的，脚放平了才能跑，所以看到的人也会觉得安心。

有高手根据这个动作，发现了一对办公室情人的小秘密。这两人是男女同事，平时在办公室里几乎不说话。高手在电梯中偶遇他们，发现两人都是脚尖点地、互相对着的。后来验证，二者果然是隐藏很深的情人关系。

对方是不是喜欢你，听语言、看面部表情都不够准确。弱势沟通高手会看脚尖的朝向。马路上两个人在聊天，脚尖一定是互相对着的。这时候来了第三个人，如果欢迎他加入谈话，其中的一个人会下意识把脚尖转过来与第三者说话。如果不欢迎，则只会转头敷衍，而不会转脚尖的朝向。

第35计 示弱金币

以弱胜强，以柔克刚。

前人故事：崇祯的皇后善于示弱，以柔克刚

先贤一句话，胜读十年书。看似简单的沟通，背后却暗藏着一个民族的语言传统。什么是示弱金币？

劝说脾气暴躁的丈夫，要有高人一等的沟通水平，如何让其自我反省？小时候读过名家姚雪垠的长篇巨著《李自成》，里面讲到关于明朝最后一个皇帝——思宗崇祯的故事，供大家参考。

当年为剿灭李自成，崇祯向外戚也就是后妃的娘家人借钱。搞得一群国舅、国丈天天哭穷："地主家也没有余粮啊！"就去找崇祯最喜爱的田贵妃，让她代为求情。

田贵妃一求情，马上被打入冷宫。为什么？后宫不允许干涉朝政。与田贵妃平素不睦的周皇后，偏偏在这时候要来做好人，劝解说："田妹妹能歌善舞，这次也是无心之过，放了她吧。"这纯属于自找倒霉，崇祯正在火头上找不到人撒气,斥责说:就是你掌管后宫不力,才有今日之祸。

周皇后受了冤枉,心里想我可是正宫娘娘啊,你当我是低眉顺眼的小妾呀?好,我们辩论一下吧!伶牙俐齿地把崇祯宠爱田贵妃、冷落其他嫔妃的"劣迹",逐一列举出来,最后还来了个反问句:"到底是谁把这个小妖精给宠坏的?"

把老公顶得一愣一愣的,这下坏了,崇祯这种隔三岔五就杀一个宰相的"猛人"会吃你这一套?书中记载:崇祯用手一推,直接把周皇后推倒在地。周皇后一来是脚小,二来是没想到皇帝家暴!当皇后也会挨揍呀?当场就懵了。好在清醒得快,我老公是个犟驴呀,我怎么能对他强势沟通?要学会示弱!她垂泪掩面,说出了两个字,就把老公搞定了。哪两个字?

"信王。"

书中暗表:崇祯原本是信王,17岁时堂哥朱由校暴毙,他才意外继位。登基之初,最担心的就是人称"九千岁"的大奸臣魏忠贤下毒,所以不敢吃宫中食物。当时有人天天从信王府里烙大饼子送到皇宫里,皇上就着凉水吃。这样吃了三个月,直到百日之后诛杀魏忠贤。

那么大饼子是谁烙的呢?就是当时的信王妃、现在的周皇后!崇祯多疑,不信旁人。周皇后说"信王"两字是什么意思?是说"我们是患难夫妻呀,你怎么能动手呢?"

再好的辩论也比不上这两个字哀怨动人。崇祯马上转怒为愧,伸手搀扶皇后:"是我不对行不行?你看看你,哭得多让人心疼……"

这周皇后只说了两个字。刚刚雷霆万钧,转眼间风和日丽,是个人才！其实，这就是典型的弱势沟通。

后人品味：示弱是润物细无声的"心灵金币"

武侠小说名家古龙说，会笑的女孩儿，命运都不会差。那也必须是美女，长成肖老师这副样子，笑成什么样都不行。笑到能让人看见嗓子眼，看到昨天吃的晚饭也没用。

肖老师出于善意说一句，会示弱的女人命运都不会差。

什么叫强势？讲个笑话：女孩子问男友，你喜欢我吗？男友说喜欢，"啪"挨了个嘴巴——"为什么不爱我？"。继续问，你爱我吗？男友说爱！"啪"又挨了个嘴巴——"回答太快，没诚意！"再问，你到底爱不爱我？男友捂着腮帮子想了一会儿说，当然爱！"啪"又挨了个嘴巴——"这事儿还用想？"。

在家庭中，怎么示弱？看过对一位杨姓老艺术家的访谈，让人印象颇深。在所有亲人中，杨老最惦念的人不是儿孙辈，而是自己的老伴儿。老伴儿虽是位家庭妇女，没什么文化，但说出话来却相当有文化、有水平。

杨老每天回家，老伴儿第一句话就是"受累的人回来了"，寥寥几个字，恰似一股暖流，涌遍全身。在外面奔波劳累？值了！老伴儿第二句话更让人感动："快吃口热乎饭吧，要是累坏了，我们娘儿俩以后还能指望谁？"

表面上示弱，背后却暗藏着似水柔情。

后来老伴儿因病去世，杨老回家时，再没人跟他说这些话了。打开家门，儿子在玩游戏，孙子在逗狗，根本没人注意他。杨老说，自己一下子泪流满面。老伴儿啊，你在哪里？我想你呀！

一句知冷暖的话，看似示弱，却让俩人一辈子情深意浓、不离不弃。

有女性学员质问我："难道只有女人应该示弱，男人就不应该示弱吗？"问得好！在沟通中，男人学会示弱有更好的效果。分享一个职场中的案例：

我年轻时到一家企业做小职员。第一天上班就受到了歧视：老员工让我帮他们端茶倒水、打印资料，甚至给整个部门擦桌子，扫地之类的事，也全分派给了我。搞得我天天都像个使唤丫头一样，被人呼来喝去。中午吃饭时，他们在一起谈笑，我一个人被晾在一边，说不出的寂寞冷清。

怎么办？怎样才能融入集体？我有我的办法。我发现有名老员工在休息时，习惯到门口抽烟，所以找机会凑了上去。我假装没有带烟，请他帮忙，向他要了一支。借着道谢的机会与他攀谈起来。只是一会儿的工夫，双方就亲近了许多。

有了这个小小的交情，我此后不断请他帮忙。这次请教个问题，下次索要些资料，他总是欣然出手相助。我示弱的次数多了，他有一种当老师的成就感，对我也越来越好。不久，他带着我，当众向其他老员工宣布：这是我最好的朋友，你们谁也不能再欺负他！

这么多年过去了，我早就换了工作，但这位洪姓的老员工，一直是我经常联系、念念不忘的朋友。

生活中，怎样与陌生的邻居成为朋友？同样要用"示弱金币"。

搬到新的小区没朋友，没关系。可以先向对门的邻居去借一点油盐酱醋——我家吃饺子，但没有醋了，能不能帮我一下？

中国人最善良，谁都不会拒绝这种举手之劳。既然有借，必然有还。如果下次你能回赠一件小礼物，双方的感情就会马上升温。

注意：借只能借小东西，你不能敲开邻居的门问：你家有没有电视机？

所以，最后用一句话回答前面那位女同学的问题，示弱能让对方产生助人为乐的成就感，这是润物细无声的"心灵金币"，无论男女都可以用。

实战场景：如何通过"示弱"，挽回破碎的家庭关系？

前人栽树，后人乘凉。来看一下我们现代人"乘凉"的案例。

问一个问题：如果家庭关系出现危机，如何沟通才能化解？一起来看实战沟通案例。

近代思想家、教育家、文学家，国人熟知的大才子梁启超，年轻时曾犯过一次错误。他与太太李惠仙本是相濡以沫、人人羡慕的好夫妻，但他还是在出国时遇到了少女何蕙珍，动情之下写出了"第一知己总让卿"的诗句。他写信回家，要与辛苦持家的发妻离婚。如果你是李惠仙，如何沟通，才能挽救即将破碎的家庭？

常规方法有两种：以死相逼是第一种做法；"认清这个负心的人"，黯然离去是第二种做法，都不见得可取。

李惠仙既然是一代大师的夫人，自然会大师级的说话方式。她回信一封，三句话就让丈夫回心转意。

第一句："你能遇到人生的知己，我也替你高兴。"这是典型的"示弱金币"。瞧瞧人家说话这水平！不挑对方的毛病，没有刻薄地反问："我与你同床共枕几十年不算知己？"把自己的委屈收起来，替对方考虑，显示了血脉相连的夫妻情谊。

第二句："你追求幸福，我决不拦你。我同意离婚，会继续照顾好公婆和孩子。"这句话中的"示弱"就更有水平了，背后含义是：不管你如何对我，我都不会怨恨你。没有人听了这样的话能不心生惭愧、不深刻检讨自己的。

第三句柔中带刚，背后大有深意："这件事瞒是瞒不住的，我会禀明公婆，处理好所有后续的事宜。"此即弱势沟通的妙处，不是一味退让，而要适时反击。梁启超从小到大最怕的就是父亲，老父若知他如此任性胡来，岂能放任纵容？再说，气坏了老人家的身体，梁启超这个大孝子岂不是要百死莫赎、抱憾终生？

有了这三句话，还有什么事搞不定？梁启超马上回信道歉，挥泪告别佳人，终其一生再无非分之想——茕茕白兔，东走西顾。衣不如新，人不如故。

精通英语、一往情深的何小姐，还没见到正主的面，就已大败而归。看来，大师的夫人才是真正的高明。

第 36 计 　 制造金币

教给孩子制造"心灵金币"的方式，让他一生快乐自信。

前人故事：善良谦逊是中国人的千年美德

这是全书最后一篇，本来应该贯彻始终，照常讲古人的故事。只不过我一直担心自己没有写清楚，让大家对弱势沟通有什么误解和不明白的地方，所以在此谈一谈弱势沟通的由来和中国人传统的说话方式。

当年，我看过不少中西方的沟通书籍，曾经觉得自己已经是了不起的沟通高手了，没想到在现实生活中却屡屡碰壁。

举一个所有人都可能亲身遇到的案例：人到中年之后，每年我都会定期接老父亲到北京，到我工作的地方散心。他 80 多岁又动过大手术，身体状况坐不了飞机，只好坐火车。遗憾的是，有时只能买到上铺车票。我上车第一件事，就是给老父亲换个下铺。这件事看似简单，却颇为不易。

与其他乘客换下铺，有三种常见的沟通方式：

方式一：只谈自己的利益

"您看，我父亲 80 多岁了，刚动过大手术，他连站都站不稳，要是摔下来怎么办？您能不能帮一下忙？"这样说话行不行？不行！因为不是每个人都能够感同身受，你只谈自己的困难，没有说到对方的利益，总会有人袖手旁观。

方式二：暗中指责对方

"人都有老的时候，难道您就不能将心比心？尊老敬老，是每个人都应该做的事！"这样说话行不行？更不行！如果摆出教育人的架势，没准会激起对方的怒火。你这种高高在上的态度，一张口就是在"抢心灵金币"。

方式三：上升到道德高度

实在没办法时，我会借用从书上学来的方法："这次您帮了我，下次我才能帮助别人！以后遇到需要帮助的人，我也会尽力的。您看，这是多么好的爱心传递。"这样说话行不行？也不行！反应快的人会反问："难道我不帮你，你就不帮别人？你自己的道德水平也不怎么高嘛！"

也许有人会说："肖老师你糊涂啊！单一的方法不行，把这三种方法组合起来，三句话一起说，没准就能收到奇效！"您还别说，我真试过，差点被人家打死。

碰壁的次数多了，我开始反思，为什么书上学的方法不好用？有一天我在看书时忽然顿悟，原来书上教给我的只是说话的技巧和方法，还缺少一个核心的灵魂。沟通中，其实说什么是不重要的，关键是要表达出你的善意！

学会弱势沟通之后，同样是换铺位的问题，我是这样做的。

第一句话：站在对方利益的角度上

说完了自己换铺位的请求，我会加上这样一句话："我知道，能买到下铺都不容易，换铺位实在是太打扰您休息了。"

求人办事，不能理直气壮，只有你体谅对方，对方才会体谅你！后半句话更要送"心灵金币"："……实在是没办法了，我在周围转了好几圈，都不好意思开口，最后就觉得跟您有缘！您能帮一下吗？"

给人添麻烦时会觉得不安，这表明你是一个明事理、知感恩的人。而且周围这么多人你谁都没看上，就看上了他，更是暗中传达了对这位陌生人的信任。信任是最好的"心灵金币"，对方马上有了被人重视的感觉，也就不会轻易辜负这份信任。有人会说："照顾老人要紧，还客气什么？赶快过来换吧！"

第二句话：用行动配合语言，更有说服力

如果第一句话没有效果，怎么办？我会马上从兜里掏出一百元钱。从长春到北京，上下铺的差价是多少钱？三四十元吧。但这时你千万别拿出有零有整的钱来，拿50元都不行，要拿就拿100元的，否则别拿！把钱递过去："您一定要收下，不能让做好事的人受委屈！剩下的钱您买瓶水喝，我也安心了。"

怎样表达你的感激？滴水之恩，虽不能涌泉相报，但多拿出一些钱来略表心意，还是做得到的。这又是在暗中"送心灵金币"。既表达了对别人的尊重，又是一种隐形的赞美。剩下70元钱请您喝瓶水，潜台词是：您应该喝最好、最贵的水！

中国人现在都有钱了，谁差你那几十元钱？就差一句话而已。送"心灵金币"总是比送"物质金币"更有效。你看得起人家，人家才看得起你。此时，对方往往会连忙摆手："什么钱不钱的！赶快过来换吧，再客气，我就生气了。"敲黑板！肖老师的一百元钱都拿出来五六次了，就从来没见过有人收！在中国，还是善良的人多！

第三句话：和大家一同送"心灵金币"

但也有特殊情况，我就曾遇到一个小伙子，死活不肯换铺位，他说，"我的腰也刚动过手术"。我心想，怎么凑巧的事都让我赶上了！这时候怎么办？转变方式——大声说！敲黑板：前两次小声说，是给一个人听的；第三次大声说，是给周围所有人听的。再把刚才的话复述一遍："我老父亲刚做完手术，想跟您换个下铺。一百元不行，那就二百。二百不行就三百，您就帮一下忙吧！"这时候，旁边有个小伙子站起来说："来，跟我换！"

他站起来时，会不会引来旁人的羡慕、称赞、敬佩？会，一定会！大家甚至会集体为他鼓掌。最"可怕"的是，还有老太太在一旁煽风点火："哎哟，今天早上一出门，碰到活雷锋了？"

这是大家送的"心灵金币"，比我一个人送的更能打动人心。小伙子一听这话，跟打了鸡血似的，蹭的蹭起来，把我老父亲的行李抢过去，给铺床、倒水、叠被，比我这个亲儿子还要亲！

你看看，多么简单？你学会了这个方法，可能以后再出门，替老人换下铺车票的难题都能迎刃而解！

总结一下，司马迁在《史记》中说："天下熙熙，皆为利来；天下攘攘，皆为利往。"追求利益是芸芸众生的本能。但何为"利益"？司马迁他老人家没有说，现代人也就知之不详。其实利益并非只是指物质财富，精神财富对每个人来说，有同等甚至更为重要的价值。

总结一个弱势沟通的核心公式："物质金币"+"心灵金币"=个人财富总和。沟通时送人"心灵金币"，等于暗中增加了对方的财富，增强了对方的成就感和自信心，怎么会不受人欢迎呢？

后人品味：四种制造"心灵金币"的方式

没有父母不心疼自己的子女。但许多人心疼的方式，只是给孩子创造尽量好的物质条件、尽量多的物质财富，这实在是一叶障目，不见泰山。不要让孩子输在起跑线上，不要让孩子输在小学，不要让孩子输在中学，不要让孩子输在大学……千辛万苦，终于等到孩子结婚生子，又改成了不要让孙子输在起跑线上。

你辛劳一生，即使给孩子留下一千万、一个亿的物质财富，又能怎样？说不定还会害了孩子。生活中，经常能看到被宠坏了的"熊孩子"，做出让你哭笑不得的事。

讲个笑话：有个小孩子，家里要啥给啥。这天放学回来，觉得姥爷头上的帽子很神气，哭着喊着非要戴。妈妈不同意，姥爷心疼了："孩子要戴就给他戴，有什么关系？"孩子戴上帽子，蹦蹦跳跳地跑到妈妈面前："你看我戴上这帽子，像不像你爹？"

孩子说话气人，家长的沟通教育肯定没有做好。再讲个笑话：一个小男孩在公交汽车站大吃巧克力，一个中年男子走过去说："小孩子多吃巧克力，对身体成长不好。"小孩儿说："那我爷爷为什么活到103岁？"男子说："你爷爷也是从小吃巧克力吗？"小孩儿说："不是，他从来不多管闲事！"

电视连续剧《人民的名义》中有句台词："能动手，别吵吵。"小孩子这样说话，是要动手吗？

每次讲完课，总会有学员问我这样一个问题：我天天"送金币"，自己却没有"金币"了，怎么办？

这还不简单？如果别人不送，你自己制造就好了。到了最后一计，肖老师亮出压箱底的本事，告诉大家："心灵金币"除了别人送，还可以自己制造。现代社会每个人都面临着巨大压力，不知不觉就可能产生抑郁情绪，学会制造"心灵金币"，才能更快地走出心理阴影。我们每一个人，都可以成为自己的"心理治疗咨询师"。

制造"心灵金币"的方法大致有四种，如果你学会了，可以传承下去，让子女也终身受益。让孩子一辈子快乐自信，才是为人父母者留给子女最宝贵的财富。

实战场景：为什么说"心灵金币"是给孩子最好的礼物？

前人栽树，后人乘凉。来看一下我们现代人"乘凉"的案例。

在此分享四种制造"心灵金币"的方法，这是父母给孩子最好的礼物：

制造"心灵金币"的第一个方法：培养孩子学会一项竞技型的体育运动

什么叫竞技型体育运动？比如中国象棋。我四岁学下中国象棋，小学、中学都是无敌手，就连胡同口天天下棋的老大爷都下不过我。小时候，我学习成绩很差，惹得老师经常骂我："你这样的，长大只能去挑大粪。"总挨骂，谁受得了？怎么办？我一不开心，就马上出门，到胡同口找老大爷们下棋。

每次总会连赢三盘。我特别高兴，谁说我没出息？围观的人都夸我聪明！在学校里被抢去的"心灵金币"，瞬间找了回来。只是苦了那些老大爷，本来是想下棋找点乐趣，没想到被我三下五除二一通收拾。老大爷们夹上棋盘就回家了，嘴里说："这辈子年纪活到狗身上了，怎么连七八岁的孩子都下不过？"

不久后，胡同口所有下棋的老大爷一见到我，撒腿就跑，他们说："准是这小子又挨老师批评了，要拿我们寻开心！"对不起，但也要感谢这些老人家，托你们的福，我这一生不管遇到什么挫折，一直都充满了自信。

总结一句话，孩子学会竞技型体育运动，比如下棋或打球、游泳、滑冰，不仅仅是为了身体健康，更重要的是心灵健康！

制造"心灵金币"的第二个方法：培养孩子写作的习惯

比如写日记。据说女人往往比男人更长寿，原因之一就是善于倾诉，如果找不到合适的倾诉对象，日记就是很好的自我倾诉的方式。

写作更能缓解郁闷。有个未经考证的趣闻，与大家分享一下：武侠小说作家古龙，年轻时向报社投稿。负责审核的编辑是林清玄（我国台湾地区散文名家），当时两人都还未成名。林清玄问古龙：你的小说怎么这么长？英雄人物太复杂了。

古龙说：这还长？书里的 100 多个英雄人物，他们的故事还没有展开呢！借古龙出国旅游、让其代笔的机会，林清玄写了一场武林大会。把这 100 多个英雄召集到一起，让他们比武决斗、自相残杀。古龙回来一看，一个人都没了，这个郁闷啊！怎么办？此仇不报非君子！

不久后，古龙笔下出现了一个人物，这个人就叫清玄道长，名号就是林清玄的名字。这家伙不干好事，经常调戏妇女，是完完全全的大反派。最后被武林正义人士到处追杀，砍了头，挂到了武当山上，死得那叫一个惨啊！写完了，古龙心理平衡了，喝酒庆祝，也与林清玄尽释前嫌。你看，写作真的能舒缓情绪！

制造"心灵金币"的第三个方法：培养孩子经常做小的善举

不用一次捐款 100 万，不是谁都有那个能力。哪怕一次只捐一元钱，送人玫瑰，手有余香，也能让自己有社会价值感，能保持心灵上的快乐。每天让孩子做件好事，比如说帮孕妇开门，扶老太太过马路……提醒一句，先确定人家老太太是真想过马路，你再扶。

制造"心灵金币"的第四个方法：让孩子多看些"苦情戏"，体会别人的不容易，才能感受到自己今天的幸福

20 世纪刚刚改革开放的时候，为什么《牧马人》这样的电影能够深深打动人心？甚至在近些年，一大批 20 岁出头的年轻人也开始追捧这部电影。因为电影中朱时茂扮演的人物，种种苦难遭遇触发了许多人的泪点——我觉得我很苦，原来世上还有比我苦的人。

相声里有个著名的包袱，逗哏的问捧哏的："你有什么不开心的事，说出来让大家开心一下！"观众一听，都笑了。为什么笑？不是因为观众心理阴暗，而是，幸福往往是通过比较来感知的。

  这不难理解。为什么中国人的幸福感近年来与日俱增？看看我们身边的这个世界就知道了：有些国家战火不断，有的国家民不聊生，有的国家难民四处流离、无衣无食。每一个有良知的国人，都会为此而产生同情和深深的惋惜。相比之下，今日之中国，蒸蒸日上，繁荣富强，老百姓安居乐业。还是网友的那句话说得好：我们没有生长于一个和平的世界，但我们有幸生长于这样一个伟大的国家！

结语

看完本书，许多读者可能还会有一个疑问，何为有效的沟通？我能力一般、水平有限，最后谈一下个人的浅见。

有人为沟通下了一个简单的定义：沟通是人与人之间，人与群体之间，思想与感情的传递和反馈的过程。

这里面有两个关键词值得注意。"思想"和"感情"。

"思想"代表什么？我个人认为，是一种文化基因。就这一点来说，中国人有中国人的沟通文化，西方人有西方人的沟通文化。各有特点，二者大相径庭，甚至有时会截然相反。所以，在中国社会中照搬照抄西方人的沟通方法，是行不通的。

"感情"代表什么？中国从来就不是一个移民国家，这与大多数西方国家有所不同。我们都是炎黄子孙，彼此之间文化认同感很强，而且没有语言障碍和习俗上的隔阂。所以从感情上讲，中国人之间的沟通，不应该是陌生人与陌生人那种针锋相对的关系，而更应该像亲人，彼此有一种与生俱来、血浓于水的情谊。

中华民族自古以来就是一个和谐友爱的大家庭，既然彼此都是一家人，为什么不能好好说话、不能弱势沟通呢？和谐社会需要和谐的沟通方式，而这种方式别处是找不到的，只能到我们自己的传统文化中去找、去发掘、去继承。

中华民族的伟大复兴，离不开流传千年的文化底蕴。丢弃了文化，就等于丢弃了一个民族的灵魂。毕竟，我们生于中国长于中国，血脉相连、同根同源！我们通过弱势沟通，创建亲如家人的和谐社会。我们团结一心，试看天下谁能敌？

后记

弱势沟通的前生今世

"弱势沟通"为何以"弱势"为名?一听到"弱势"两个字,许多人可能会先联想到"弱势群体"。没错,弱势沟通原本讲的就是,弱者在面临困境甚至身处险境时,应该如何说话、如何沟通?怎样才能与强势的人化敌为友,化干戈为玉帛,争取共赢。

有人可能会有疑问,本书中所讲的那些古代人物,王侯将相,先贤智者,无论是战国四公子中的孟尝君、平原君,还是春秋时期秦穆公、楚庄王这样的君主,甚至是苏秦、蔡泽、胡雪岩这样职场上纵横捭阖的高手,又有哪一个是弱者?

但其实,他们都是"弱势群体"中的一员。孟尝君了不起,但在心存猜忌的魏王面前,他是弱者;平原君有地位,但在欲杀之而后快的秦王面前,他是弱者;苏秦面对高高在上的六国君主,胡雪岩面对"戴着有色眼镜"的左宗棠,也同样都是弱者。就连表面上强大到极点的秦穆公、楚庄王，他们如果想称雄争霸，也必须放下身段、放低姿态，以"弱者"的心态，与臣子和民众良好沟通，最终才能创立霸业。

没有人能永远强势，也没有人永远不需要别人的帮助。从这一点来说，我们每个人可能都是"弱势群体"中的一员，每个人都需要有"以弱胜强"的沟通思维。

关于这一点，在现代企业管理过程中，我们可以得到印证。早期"强势"的那一套管理方法，早就不管用了，是过时的东西。如果现在，一名企业管理者还是颐指气使，摆出"我是领导，你就必须对我言听计从"的强势姿态，对新生代员工发号施令，那结局一定是大大不妙的，恐怕只能落个众叛亲离的下场。时代在进步，社会在发展，员工素质有了巨大的提高，你还在用过时的方法，管理那些有独立思考能力的年轻人吗？

应该如何管理新生代员工？这虽是现代企业的问题，但要用古人的智慧去寻找答案。老祖宗早就说过，"上善若水，水善利万物而不争……夫唯不争，故天下莫能与之争"。以弱胜强，以柔克刚，是我们中国人传统智慧的体现。

把"弱势思维"放到现代企业管理中，就是"弱势管理"。这是我个人在25年企业咨询和培训过程中，总结出来的一套具有中国特色的管理理论。

事实上，先有弱势管理，后有弱势沟通。管理和沟通是表里关系，前者依靠后者来体现，后者依靠前者来支撑。二者相互依赖，相辅相成。所以，从这个角度而言，弱势管理是"母亲"，弱势沟通是"亲生儿子"。

后记

弱势管理有什么好处？韩非子说过一句话：**下君尽己之能，中君尽人之力，上君尽人之智**。这是说，下等的君主只能发挥自己的能力，中等的君主却可以发挥下属的能力，而上等的君主，不但能让下属卖力气，更能让他们主动替你去思考问题、解决问题。弱势管理可以让管理者成为"上等君主"，最大限度地发挥员工在工作中的主动性、积极性和创造性。

有什么样的管理思想，才会有什么样的沟通方法。所以，在全书最后，我增加了一个彩蛋，把弱势管理推荐给您，以加深大家对弱势沟通背后原理的理解。如果读者对弱势管理有兴趣，可以继续读下去。如果没兴趣，也可以跳过。

最后，出书虽不是获奖，还是要落一下俗套，发表一下感言。感谢那些在本书写作过程，给我这个"小学生"悉心指导的老师们：第一位就是陶鹏老师，他在出版行业工作多年，专业的指点，让我受益匪浅。第二位是我的助理董慧女士，她做了大量幕后的基础工作，这本书才得以与读者见面。第三位是郭潇先生，他是我的子侄辈，更是一个朝气蓬勃的年轻人。他从年轻读者角度，对本书提出了许多中肯的建议。至于为本书出版付出辛苦努力的各位领导、编辑和校对人员，在此就恕不一一列举致谢了。本书能够出版，是大家共同努力的结果。

彩蛋

关于有中国特色的管理学的思考

管理学的主要理论，大多源自西方。在各种有中国特色的管理理论之中，我提出了一种名为"弱势管理"的理论，其灵感主要来源于中国古代管理智慧。

弱势管理这个概念并不复杂。顾名思义，就是管理者在**权力基础不足、相对弱势**的情况下，应该如何管理。这是与常规的强势管理相对应的一种管理方式。

一、为什么要研究弱势管理？

我们先分享一个简单的管理学常识。世界上的管理理论多如牛毛。但学得越多，有些人反而越糊涂，因为许多理论是相互矛盾的，比如木桶原理和反木桶原理。

木桶原理大家都知道，又称"短板理论"——一个木桶存水多少，取决于最短的那块板。引申的含义是企业不能忽视任何一个方面，必须防止某些薄弱环节（短板）引发整体危机。但在实践中，另一个理论可能更为有用，这就是反木桶原理，也称"孤峰原理"。该理论指出：补齐所有短板是不经济的，也是不可能的。企业要打造一块很长的"长板"，有如孤独的山峰，把自己的一项优势发挥到最大，才能脱颖而出。正如中国古语所说：一招鲜，吃遍天。

这很好理解，因为有些短板是弥补不了的。比如：潘长江先天不适合打篮球，适合跳水；姚明学跳水就不行，应该打篮球。先天条件不是靠勤学苦练就能弥补的。

木桶原理和反木桶原理都有道理，却又互相矛盾，究竟谁才是正确的？聪明的你自然会想到，它们很可能是镜子的两面，都是一定前提条件下的"相对真理"。采用哲学的思考方式，我们可以得出一个结论：**任何一个管理理论，都是有前提条件的，没有前提条件就没有真理。**

那么，弱势管理是以什么作为前提条件的？我个人认为：一种管理方式能否取得良好效果，与管理者自身的权力大小密切相关。简单讲，权力比较小和权力足够大时，采用的是完全不同的两种管理方式。看一下刘邦的案例：

> 《资治通鉴》中记载：楚汉相争时，刘邦被项羽围困在荥阳。这时手下大将韩信已率兵攻取了齐国故地。韩信上表刘邦，欲自称"假王"，就是代理齐王的意思。
>
> 这是脑后有反骨啊！爵位都是君王封赏的，哪有臣子自己要的道理？刘邦恨项羽都没有恨韩信这么彻底，当着韩信使者的面破口大骂："你怎么不去死？"
>
> 一旁的张良、陈平暗呼大事不好，陈平轻轻踩了刘邦一脚。话外音："您糊涂啊！现在您有什么权力能让韩信乖乖听命？要夺取天下，离开韩信能行吗？等您霸业已定，权力足够时，再收拾这个家伙还不行吗？"

刘邦与张良、陈平对视一眼，什么都明白了，连忙改口说："大丈夫既定诸侯，就要做个真王，何必做假王！"

有韩信的帮助，刘邦最终得偿所愿，创立了大汉数百年基业。等于权力足够强大时，刘邦剥夺了韩信的王位，他的老婆吕后则最终诱杀了韩信。韩信当年能忍胯下之辱，而刘邦却能忍"假王之辱"——权力小时如潜龙在渊，权力大时如飞龙在天。刘邦能得天下，不是没有道理。

这是我在管理课堂上讲过的一个小故事，说明了什么问题？研究每一种管理方式，不能不首先研究管理者的权力基础。如果脱离了主要的前提条件，真理也可能变成谬论。

二、什么是弱势管理的研究方向？

管理者权力基础不足，在现实中是大概率事件。"权力"二字说起来简单，其实大致是由5个方面构成的。从现代中国企业的角度，我们来细分解读一下：

第一种：资源支配权，简称资源权。这一点，在现实中，民营企业老板与国有企业领导有很大的不同。前者是企业的所有者，对企业各项资源均可调运支配；后者则是"代理人"身份，不可以随意处置国有资产。即使同样是民企，拥有100%股权的老板，和拥有30%股权的老板，虽然同样是老板，但资源权也大有区别。所以，在资源权不足的情况下应该如何管理？这是弱势管理研究的范畴。

第二种：人员奖罚权，简称奖罚权。这一点，在现实中，民营企业老板与国有企业领导也有很大不同。前者主要追求经济效益，基本能决定员工的奖罚去留；后者则要考虑社会责任，不能随心所欲。但即使是在民企，如果你手下有客户或是领导推荐过来的员工，恐怕你也不敢轻易得罪，这在一定程度上削弱了管理者的奖罚权。所以，在奖罚权不足的情况下应该如何管理？这也是弱势管理研究的范畴。

第三种：信息权。信息是管理者最重要的权力之一，中国人有句戏言——人越多的会，越不重要；人越少的会，越关键。只有三个人开的会，其中有没有你？你就可以知道自己在企业中是什么位置，能掌握多少信息。但即使是老板，企业大了也会受到蒙蔽，只要脱离了一线，下属就有可能报喜不报忧，有时还会断章取义，用错误的信息来误导你的决策。所以，在信息权不足的情况下应该如何管理？这也是弱势管理研究的范畴。

第四种：专业权。弱势沟通在"尊重专业"这一计中，对此有详细解释。简单讲就是"一万小时效应"，成为任何一个领域的专家，最少需要5年。值得注意的是，管理者不管以前取得了多么辉煌的成绩，只要新创建一个项目，换到一个陌生的领域，专业权往往就会瞬间归零。所以，在专业权不足的情况下应该如何管理？这也是弱势管理研究的范畴。

第五种：人格权。这一点不过多解释，创业之初的刘备，兵不过数千，将不过关张，可以说资源权、人员权、信息权、专业权，没有一样能拿得出手，能请来孔明、赵云、马超等一大批文臣武将，人格权起的作用很大。在现代社会中，领导者创业时可能与员工同吃同住、同甘共苦，但一旦功成名就，往往就会开豪车、住别墅，与天天挤公交地铁的员工拉开距离。所以，在人格权不足的情况下应该如何管理？这同样是弱势管理研究的范畴。

三、弱势管理是二元管理的一个分支

弱势管理属于二元管理问题。世界上大部分的管理理论，大致都可以划分为三种类型，我称之为"一元管理问题、二元管理问题和多元管理问题"。这是我个人总结提出的一种全新的思考角度。

没有任何管理学基础的人，搞清楚这几个概念也不难。何为"元"？许多人小时候都学过，一元一次方程，二元一次方程，还有多元方程……元就是未知数的意思，用管理学术语讲就是"主要矛盾"，可以分为以下三种类型：

企业初创期，是"一元管理问题"，必须抓住一个主要矛盾

如果把中国比作一家超大型企业，改革开放之初，百废待兴，小平同志提出的"发展才是硬道理"就属于此类，这是最经典的具有中国特色的管理理论创新。简单讲就是，除了"发展"之外，其他方法都属于"软道理"，要为"硬道理"让路。只要抓住了这一主要矛盾，所有问题都不可怕，都可以在发展中得到解决。所以，在这个"一级真理"之下，衍生出来许多"二级真理""三级真理"，更为通俗易懂，比如"黑猫白猫，抓住耗子的就是好猫"。

典型的"一元管理问题"，就是前面讲到的"反木桶原理"。这一点可以用实践来印证。在企业初创期，西方营销学中的4P——产品、渠道、价格、促销，想什么都做好，一定会什么都做不好。反之，把一项做到极致呢？把产品这一项做好，你可能就是苹果手机；把渠道这一项做好，你可能就是娃哈哈饮品；把价格这一项做好，你可能就是拼多多；把促销这一项做好，你可能就是阿里。

企业成长期，是"二元管理问题"，必须抓住两个主要矛盾

如果把中国比作一家超大型企业，当改革开放初步取得可喜成绩之后，再只抓一个主要矛盾就显得不够了。这时候，"两个文明建设"是核心，是"二元管理问题"，同样是具有中国特色的管理理论创新。简单讲，物质文明离不开精神文明的支撑，所以在电梯里抽烟，在地铁座椅上横躺，在医院中打骂医生护士，在动物园中不顾危险逗弄老虎，在街头巷尾装残疾人行骗，看似只是

个别人道德水平不高，实际上却是关系到精神文明这一手是否足够"硬"，关系到物质文明能否进一步发展的大问题。

这一点可以用实践来印证。在企业成长期，企业的核心问题只有两个，一个是经营，一个是管理。企业家们的核心问题也只有两个，一个是资源，一个是能力。这都是从两个主要矛盾的角度，去解决复杂的实战问题。

生活中的常识最说明问题：比如学习怎么样才能好？经过十年寒窗的人都有体会，只知埋头苦读是不行的，还要掌握方法。但只有方法而缺乏足够的努力，也同样学不好。所以努力与方法，这是两个主要矛盾。

此时，如果找出一大堆"关键成功要素"，反而会造成混乱，往往会陷入"不可知论"的误区。比如认为学习好必须有好的学校、好的老师、好的参考资料、好的家庭环境……现实中有一些外部条件优越的学生，成绩反倒不争气，这往往是因为他们或者他们的父母，把次要矛盾当成了主要矛盾。

"二元管理问题"在企业实践中应用最为广泛。很好理解，因为大多数企业都处于成长期，所以这应该成为我们研究有中国特色管理学的重点方向。弱势管理主要关注这一领域。

企业成熟期，是"多元管理问题"，必须抓住多个主要矛盾

如果把中国比作一家超大型企业，改革开放到现在已经历了几十年，企业已开始进入成熟期，未来如何保证持续发展？这时候，抓两个主要矛盾就显得不够用了。增强环保意识、推进反腐倡廉、建设"一带一路"、提倡共同富裕、进行经济结构调整、淘汰落后产能等举措，都是具有中国特色的管理理论创新。这是"多元管理问题"。中国的发展视野应该更加广阔，更加高远。

典型的"多元管理问题"，就是前面讲到的"木桶原理"。这一点可以用企业实践来印证。在企业成熟期，要考虑的管理问题是多方面的。比如当年的

"三鹿"乳业,品牌足够响、规模足够大、资金雄厚、设备精良……但产品质量这一项出现短板,就让企业以前所有的努力都付之东流。

四、弱势管理体现了中国人的千年管理智慧

总体上讲,弱势管理研究两个主要矛盾之间的关系,这些矛盾既对立,又统一。所以从广义上讲,属于二元管理的范畴。包括哪些矛盾呢?比如:儒家风格管理与法家风格管理的关系,绝对指标与相对指标的关系,民主决策与独裁决策的关系,过程导向与结果导向的关系,短期利益与长期利益的关系……

既然要研究两个主要矛盾,就不能不让人联想到中国人独有的中庸之道,这是我们中国人千年传承的管理智慧。

"中庸",出自《论语》的这两个字,原意是"做事不偏不倚,折中调和"。有什么好处?不偏不倚才能在前进道路上找到正确的方向。我们来看一下,这种思想是如何在弱势管理中体现的。

第一种关系:法家风格与儒家风格的关系

问企业家们一个实战问题:对待中国员工,是应该采用法家风格管理还是儒家风格管理?

看一个案例:如果有一天下暴风雪,所有员工都迟到了,你作为老板,罚还是不罚?

古代中国的法家管理理论,与现代的西方管理理论,有异曲同工之处,商鞅提出"王子犯法与庶民同罪",西方人讲究"法律面前人人平等",所以答案是:一定要罚。

人力资源负责人来问老板,罚不罚?老板说:"下次你再敢来问我,我先把你开除了!没学过公司管理制度吗?制度中写了下雪迟到可以不罚吗?每人罚 50 元，我有领导责任，自罚 500 元。"

员工罚 50 元，老板罚 500 元。能够以身作则，已是相当有水平的管理者，道理上也说得过去。但在中国人眼中，却是不近人情，这种管理方式会让员工口服心不服。员工可能会想：今天我不好好工作了，我上网"偷菜""打僵尸"，做一只"愤怒的小鸟"，继续我的"王者荣耀"。法家的管理方式简单直接，管住了行为，却管不住内心。会让许多年轻员工产生逆反心理，甚至阳奉阴违，显然不够理想。

那么就用儒家风格来管理吧，答案是不罚。人力资源负责人问老板，罚不罚？老板说："下次你再敢来问我，我先把你开除了！"老板又说："你没学过劳动法吗？这是不可抗力！再说，这也不人性化呀，下不为例！"下不为例，以后就无例可寻。管理没有力度，显然也不行。

应该怎么办？弱势管理提出：管理中国员工，要用中国古人的"阳儒阴法"，又称儒表法里、外儒内法，三个名词是一个意思。这种思想早在汉朝就有，汉宣帝将之视为"最佳治国之策"。

来看一家企业的真实案例。

还是前面提到的暴风雪天早上，董事长和总经理分别担任两种角色。董事长站在大门外，和每一个迟到的员工握手，只说一句话："感谢你！公司感谢你冒着暴风雪坚持来上班！"一边说，一边用手帮员工掸去身上的雪花。员工感动得热泪盈眶，这是儒家。

一进门，总经理把大家集中在一起："下次就是天上下刀子也必须按时到，这次该怎么罚还是怎么罚！"这是法家。

综合二者优点，就是阳儒阴法。既维护管理的严肃性，又不伤人心。为什么有些企业做不到？因为董事长、总经理是同一个人，容易角色错乱。

单纯以法家风格管理，"可以创业，但不可以守业"。秦朝为何二世而亡？秦始皇当初想得好，我一世，我儿子二世，我孙子三世……可是秦朝到了第二代胡亥，这家超大型企业就倒闭了，是什么原因？儒家说得好，西汉贾谊在《过秦论》中说："仁义不施而攻守之势异也！"这是以儒家管理思想的角度对秦朝灭亡的反思。

但是单纯以儒家风格管理，在创业时是没用的，这就是为什么孔子周游列国时四处碰壁，他那一套理论创业时无人欣赏，守业时比较有用。

中国人几千年的管理实践表明，儒家、法家各有优点，但也各有不足。汉朝的皇帝们颇为精明，用两家所长，弃两家所短。看来，他们对中庸之道，对二元管理，理解得更为深刻。

总体上讲，许多西方现代管理理论类似于法家，还停留在秦朝，只抓住了一个主要矛盾，没有看到事物的两面性。所以，中国企业应用时，有时管用，有时则不灵。短期可能立竿见影，长期往往问题多多。有些企业还因为过度学习西方的做法，犯了大企业病。比如长期推行"半军事化管理"，而忽略了人性，导致虽然不断加强管理力度，却边际效应递减，管理越来越没有作用。

第二种关系：绝对指标与相对指标的关系

知道大家可能没耐心看长篇大论，我们用实战案例说明问题。弱势管理指出：管理者要善于使用"相对指标"，而不能手中只有"绝对指标"这一种"武器"。

有位学员是留学归来的管理学博士，我推荐他到山东的一家民营企业去做 CEO。

新 CEO 上任之初，就发现了这家民企的核心问题。企业工作看似千头万绪，实际上只有两件事，一是经营，二是管理。这家企业经营做得好，销售业绩连年翻番，但在管理上却一塌糊涂。比如，定好9点钟召开经营会议，干部们都迟到：有9点15分到的，有9点半到的，有9点45分到的，最晚的人10点多才到。稀稀拉拉，文齐武不齐，开会就像赶集。

批评他们，大家集体对抗："工作实在脱不开身，也不能因为开会就不去赚钱了，是不是？"

新CEO颇为恼火，连开会迟到这样的小事都管不好，我还当什么CEO？他先后尝试用西方教科书上的5种管理方式来抓迟到。

第一式：先礼后兵。CEO想，应该从企业文化入手，要先洗洗脑！所以自费掏腰包，买了一批关于执行力的书送给下属。比如《细节决定成败》《把信送给加西亚》《停止抱怨》《没有任何借口》，几乎做到了人手一册。没想到许多干部年纪大了，不愿意看书。打麻将的时候桌子腿不平，直接用这些书垫桌腿了。

第二式：以身作则。CEO规定，谁迟到谁就站着开会。一次他无意中迟到，也罚了自己。没想到，干部们都是公司元老，脸皮厚如城墙，说："站着就站着，无所谓！"到最后，站着开会的人比坐着开会的还多，谁要是坐着，谁心里反而难受，觉得被孤立了，好像自己是"叛徒"。

第三式，口诛笔伐。脸皮厚？看你厚到什么程度！CEO规定：谁迟到，把你名字张榜公布。门口贴了张迟到名单，老板路过都能看到。搞得老板都急了："谁再迟到，我一脚踢死他！"没想到，干部们都是老板的"老兄弟"，到最后也没见踢死谁，这事就算过去了。CEO急得不行："董事长啊，你倒是踢一个给我看看呀！"

第四式，金钱处罚。没办法，恢复到常规管理方式。迟到一次，罚款50元。没想到，干部们收入不低，直接从兜里掏出500元钱：

"这是10次的罚款，我先预交一下。"把CEO气个半死，当这是公交车啊？还有提前办月票的？

第五式，破釜沉舟。有钱是不是？也不罚款了，迟到一次发给你一封警告信。一个月收到三封警告信，自动辞退！可实际上根本就辞退不了。第一，迟到的人中有公司的销售状元，能因为迟到就把状元开除吗？第二，这其中有不少人是跟随老板一同创业的，老板都出来劝解："知道的是你这位职业经理人在抓管理，不知道的，还以为我良心坏了，在搞清洗……你就是把我开除了，也不要开除我这些兄弟。"第三，迟到的人中还有老板的小舅子和二姨，搞得老板家里都鸡飞狗跳。大家质问老板：你找了什么人来管理公司？

新CEO连遇几个"没想到"，心里异常痛苦，打电话给我："中国民企的管理环境太差了，根本没法管！"

我说："是人家没法管还是你自己不会管呀？"我告诉他五个字，就把企业多年解决不了的难题解决了。

这五个字是什么呢？**"抓最后一名"**！不管多少人迟到，也不管你刚上任，还没有形成职位之外的个人威信，权力明显不足，大家对你多不服气，只与迟到的最后一名相比，你的权力还是绰绰有余的。

这相当于什么？相当于联合一批迟到45分钟的人，批判迟到1小时的人："哪怕迟到45分钟也值得原谅啊！为什么你的问题最严重？"好，很快就把后者搞定了。继续抓最后一名！9点45分到的人就害怕了，他一害怕，9点半到的人也害怕了，心想：别一不小心，我成了最后一名！于是，所有人到达的时间都自动提前。几次下来，只有一种情况才不会被抓到迟到，是什么？对，不迟到！按时9点到。这是看似缓慢但见效最快的管理方式。

在弱势管理体系中，这种方法称为**"用相对指标的管理促进绝对指标的实现"**，可以解决积重难返的管理顽疾。

"9点到"，是绝对指标还是相对指标？绝对指标，因为这是一视同仁的。但权力不足的管理者通常会遇到无法克服的阻力。搞不好，还会像我的学员这样，职位都差点保不住，还谈什么管理？

"最后一名"，是绝对指标还是相对指标？当然是相对指标，因为因人而异。这样缩小了打击面，管理的力度却上去了。如果只有管理却没有力度，还算什么管理！权力不足的时候，管理者更要"集中优势火力"。

西方人的管理往往注重绝对指标，这是"同时与多数人为敌"——规则一旦定好了，对所有人都是"平等"的。想"一步到位"地管好所有人，通常只能靠"严管重罚"，使蛮力，这不是最好的方法。中国人则擅长用相对指标来管理，就是"不同时与多数人为敌"——分而治之、水滴石穿。这体现了中国"远交近攻"的古典管理智慧。分阶段解决难题。看似慢，实际上见效更快。

"远交近攻"是秦国统一天下所采用的策略。《战国策》中记载：战国末年，七雄中国力最强的秦国，却始终统一不了天下，为什么？净打冤枉仗。当时的秦国建都咸阳，离哪个国家最近？当然是韩、赵、魏。但秦王经常隔着这三个国家，去打楚、燕、齐。这是标准的"为人作嫁"，即使取胜，也没有好果子吃，占领的土地也保不住。为什么？远隔千里，耗费不少兵源、粮草，前脚一走，占领的土地后脚就被别人占了去。

关键问题是：秦国同时与所有人为敌，不知道分而治之，资源再雄厚也是力有未逮。经常被几国联合起来，打得抱头鼠窜。

关键时刻，秦国来了一位高人。此人原名张禄，后改名范雎。

范雎说："大王，这事简单！统一天下四个字就可以——远交近攻。你再牛，也不过是一个人而已，要分化瓦解敌对势力，咱们先灭了家门口的韩、赵、魏，好不好？"原话是：**王不如远交而近攻，得寸则王之寸，得尺亦王之尺也**。这话什么意思？远交近攻得来的土地都是实实在在的，别看一尺一寸少，零打碎敲，集腋成裘，那么着急干什么？心急吃不了热豆腐！

一言奠定天下大局！秦国依计行事，先灭了韩、赵、魏三国，再灭了楚国、燕国和齐国。

好一个范雎，隐藏很深的管理大师呀！知道在能力不足时以退为进，循序渐进，按客观规律办事，而不是一味地争强斗狠。能做到一言兴邦，就凭这一点，在世界管理大师之中，就应该有一席之地。

从上面这个真实的历史案例，我们可以看出，所有的强大都是相对的，即使像秦国这样武力公认第一的国家，面临各国的共同抗争时，也会力有未逮，也不能同时与多数人为敌。那么，在现代企业的实践中，一名普通的管理者，又怎么可能有足够的权力去挑战所有人呢？

不少西方的管理理论都有一个理想化的模型，就是他们假设管理者拥有"无限权力"，可以随心所欲、无条件地让下属听从命令。其实在现实中，这种情况很少出现，管理者权力有所不足的概率才更大。弱势管理研究在"权力弱势"的状态下应该如何管理，其应用的范围可能会更广。

第三种关系：民主决策与独裁决策的关系

企业家们都知道一个故事：当年华为招聘了一位博士，此人刚入职，就给任正非写了一篇"万言书"，大谈特谈华为的战略问题。任正非如何回复？他对人力负责人说：如果此人有精神病，建议马上送医院；如果此人没有精神病，建议马上开除。

话虽然有些偏激，但不无道理。当过老板的人都知道，企业的战略问题是不能"民主"的，这不是战术问题，谁都可以发表意见。制订战略需要高瞻远瞩的视野和力排众议的勇气，很多长远性的问题，普通员工是想不清楚的。等到普通员工都能想清楚时，又往往会错过最佳时机。

"真理有时是掌握在少数人手中的"，"民主"不是万试万灵的灵丹妙药。比如战略问题。为什么？多数人不懂呗，他们不具备专业权。很好理解，郭德纲说相声，不会请一批卖菜的人帮他写段子，人再多也没用。而 IT 行业的精英遇到问题，也不会找来全国的相声名家，向他们虚心求教，因为这完全是两码事。

在许多人心目中，民主是一个褒义词，独裁则是贬义词。只要民主就一定好，只要独裁就一定坏。其实，它们都只是管理上的一种工具而已，不能把任何单一手段奉若神明、顶礼膜拜。

那么问题来了，在企业的管理中，何时应该"民主"？何时应该"独裁"？弱势管理对此有明确的答案：管理的方式必须与管理者的权力基础相匹配。

复习一下，权力是由"资源权""奖罚权""信息权""专业权""人格权"五个方面构成的。这五个方面的权力都很强大的管理者，现实中有没有？有，但是很少，难免会有一两项权力是不足的。

管理者在权力缺损的情况下，应该采取民主和独裁相结合的方式去管理。民主和独裁并非是截然对立的关系，它们有"二分之一民主""四分之一民主""八分之一民主"等多种形式。这是一种"渐变"的管理过程，针对不同的前提条件，有以下六种管理方式：

第一种管理方式：直接发布命令。简单讲就是独裁。**管理者只有在五项权力都足够强大时才能采用。**这时候如果错误地采用民主，只能降低决策的科学性。因为过度民主有三大缺点，尤其是在战略决策这类重大问题上：一是决策速度慢，有争论的时间还不如行动。二是决策质量低，不同观点一经调和，最没有风险，但也是最平庸、最无用的，往往成为主流。三是决策中"劣币驱逐良币"，由于多数人都只能看到眼前利益，却拥有"一人一票"的权力，会压制少数人的正确意见。放弃长远利益，用明天的加倍痛苦换取今天的短暂快乐，饮鸩止渴。

关于这一点，中国的古人早有体会。韩非子就说过这样一句话："**民愚，可以与之乐成，而不可与之虑始。**"这句话什么意思？一般人不敢这样说。韩非子说普通人都眼光短浅，要是有了好事，他愿意跟你一起分享成绩——乐成；但刚开始要让大家考虑做一些牺牲，吃眼前亏，那可不行——不可虑始。

第二种管理方式：先说服下属，再发布命令。简单讲就是"八分之一民主，八分之七独裁"。**管理者在第五项权力人格权缺损时，应该采用这种方式。**为什么要这样做？因为大家对你不服气。你的决策可能是对的，但下属是人，是人就可能会带有感情色彩。即使管理者强行做了决策，下属在执行时不卖力气，荒腔走板，应付了事，你又能奈他何？所以，要公布重大决策，在开会之前可以先与主要下属私下交流，开个小会，进行说服和解释，对于提高执行力大有好处。

第三种管理方式：先修改决策，再发布命令。简单讲就是"四分之一民主，四分之三独裁"。管理者在第四项权力专业权缺损时，应该采用这种方式。为什么要这样做？因为你不够专业。知识分为两种，一种是通用知识，另一种则是特定知识。管理者能身居高位，通用知识想来是不缺乏的，但每一个领域都有不同的特定知识。不能把自己某一方面高明，当成各个方面都高明。

第四种管理方式：先征询意见，再发布命令。简单讲就是"二分之一民主，二分之一独裁"。**管理者在第三项权力信息权缺损时，应该采用这种方式。**为什么要这样做？因为你不了解情况。这时候，民主的比例必须加大，而独裁的比例必须大幅降低。征询意见就是一个收集信息的过程。比如，你家要装修新房，但你完全不懂。那怎么办？简单，多找几家装修公司问一下不就知道了！听听他们讲自己的优势和竞争对手的缺点，信息掌握全面，决策才能准确。

第五种管理方式：只确定目标和界限，由下属进行决策。简单讲就是"四分之三民主，四分之一独裁"。**管理者在资源权和奖罚权这两种职位权力（后三种是个人权力）缺损时，应该采用这种方式。**其实，由于管理者对一线瞬息万变的情况不能及时了解，只要是战术上的问题，都可以这样充分授权。比如，前面讲过《亮剑》的故事，李云龙在独立团分兵时，对连排长说："凭什么鬼子、汉奸喝酒吃肉，我们就喝西北风啊？""我们也要喝酒吃肉"，这就是目的。而"谁要是欺负老百姓，我就枪毙他"，这就是界限。

第六种管理方式：只有目标，没有界限，由下属进行决策。简单讲就是完全民主而没有独裁。**管理者五项权力都不足时，应该采用这种方式。**管理者在各方面的能力都不如下属？这不太常见，是小概率事件。所以，完全民主在只是在极端情况下的特殊手段。

总结一下，除了第一种和最后一种情况需要完全的独裁或完全的民主。在大多数情况下，民主与独裁的手段必须相结合，才能够发挥管理的最大效应。这就是弱势管理对两个主要矛盾、对两种管理要素分析研究之后得出的结论。

换言之，管理要追求整体的平衡，追求最终的效果，而不是某一种管理要素越多越好。

生活中的经验可以说明这个问题。比如，吃大鱼大肉很好，但吃多了也许会痛风；吃蔬菜会有益健康，但若长期素食不见荤腥，缺乏必要的营养，身体还是会百病丛生。人体是一个系统，营养摄入必须均衡。这是连小孩子都懂的道理，但为什么在管理上一谈到"民主"，就要越多越好呢？也许这与人类在文明发展历程中吃过太多独裁的苦不无关系。

民主的好处大家都知道，独裁的坏处大家也都清楚。但中国有句古话，过犹不及。"过犹不及"这四个字体现了中国传统的"中庸之道"，是一种上升到哲学高度的管理智慧。也正因如此，弱势管理指出：任何一种单一的管理手段或工具，一旦失掉了应有的尺度与分寸，必然会带来巨大的副作用……甚至会影响某些西方国家的未来。如果这些有着几十年甚至上百年发达历史的国家还是想不清楚这其中的道理，未来必然盛极而衰。

弱势管理是我个人在 25 年企业管理咨询和实践中，思考和借鉴古今管理智慧，为现代中国企业打造的一套本土管理理论。很多观点不成熟，论证也不够严密。能力有限，只能抛砖引玉，请各位读者海涵。篇幅有限，恕不一一列举。如果有可能，我会专门写一本书向大家汇报说明，也请各位管理学的前辈指点。

我认为，在这个民族复兴的伟大时代，中国人应该建立并完善属于自己的管理思想。不论是千年传承下来的管理智慧，还是改革开放以来各种有中国特色的管理实践，都堪称瑰宝，弥足珍惜，不应该轻易丢弃。其实，这也是全人类共同的财富。

毋庸讳言，西方人近现代在管理学研究领域已是先行一步，堪称体系完备、理论精深、论证严密,有许多值得学习和借鉴的地方。但我们中国人从古至今,也有熠熠生辉、数不胜数的管理智慧和哲学思想,将之整理和挖掘出来,继承和发扬,可能需要几代人的努力,不是一件容易的事。但越是如此,我们就越应该奋起直追,迎难而上,不断超越。